Mediatecturen
und Deponiekörper

Das Buch erscheint anläßlich der Ausstellungen von Thomas Spiegelhalter:

Kunstverein Freiburg e.V.
BERYL A. Futuristisch-virtuelle Architekturinstallation, 21. Febr. – 29. März 1992

Architekturforum Freiburg e.V.
Architektur-Skulptur, 28. Febr. – 22. März 1992

galerie blau
Gravel Pit Architecture/Kieswerkarchitektur, 29. Febr. – 5. April 1992

Ausstellungsvorbereitung:
Stephan Berg, Klaus Böhler, Herbert Dörr, Ingo P. Flothen

Katalog:
Stephan Berg, Ingo P. Flothen, Jürgen Häusser, Thomas Spiegelhalter

Übersetzung:
Jutta Shannon (Dublin)

Foto:
Georg Nemec, Thomas Spiegelhalter

Für ihre Unterstützung danken wir folgenden Firmen:

Gebrüder Pontiggia GmbH & Co. KG
Hoch-, Tief- und Straßenbau, Elzach
Kieswerk M. Uhl, Breisach
Staff-Lichttechnik GmbH & Co. KG, Lemgo
Erco-Lichttechnik GmbH, Werksvertretung Süd, Ettlingen
Hoffmeister-Lichttechnik, Werksvertretung Süd, Umkirch
Egon Elsässer, Bauindustrie KG, Geisingen
Schafheutle-Schaco-Zweiglas KG, March-Hugstetten
Oberrheinische Sperrholz- und Bauelementenhandlung GmbH, Freiburg
Brielmann Holzhandel, Freiburg
Bundesverband der Deutschen Kies- und Sandsteinindustrie, Duisburg
Alexander Bürkle GmbH, Elektrogroßhandlung, Freiburg
AEG Aktiengesellschaft, Lichttechnik, D-3257 Springe
Götz + Moriz, Baustoff- und Baumaschinenhandel, Freiburg

Ausstellung und Publikation wurde ermöglicht durch die finanzielle Unterstützung von:

Regierungspräsidium Freiburg, Referat Kultur
Kunstverein Freiburg e.V.
Architekturforum Freiburg e.V.
galerie blau, Freiburg-Au
Verlag Jürgen Häusser, Darmstadt

1. Auflage 1992 © by
Verlag Jürgen Häusser
Frankfurter Str. 64, 6100 Darmstadt
Herstellung: Roether Druck, Darmstadt
Alle Rechte vorbehalten. All rights reserved.
Printed in the Federal Republic of Germany
ISBN 3-927902-65-9

Thomas Spiegelhalter

MEDIATECTUREN UND DEPONIEKÖRPER
PROJEKT BERYL A

Gravel Pit Architecture, Vol. II
Architektur in der Kiesgrube, Bd. II.

Verlag Jürgen Häusser

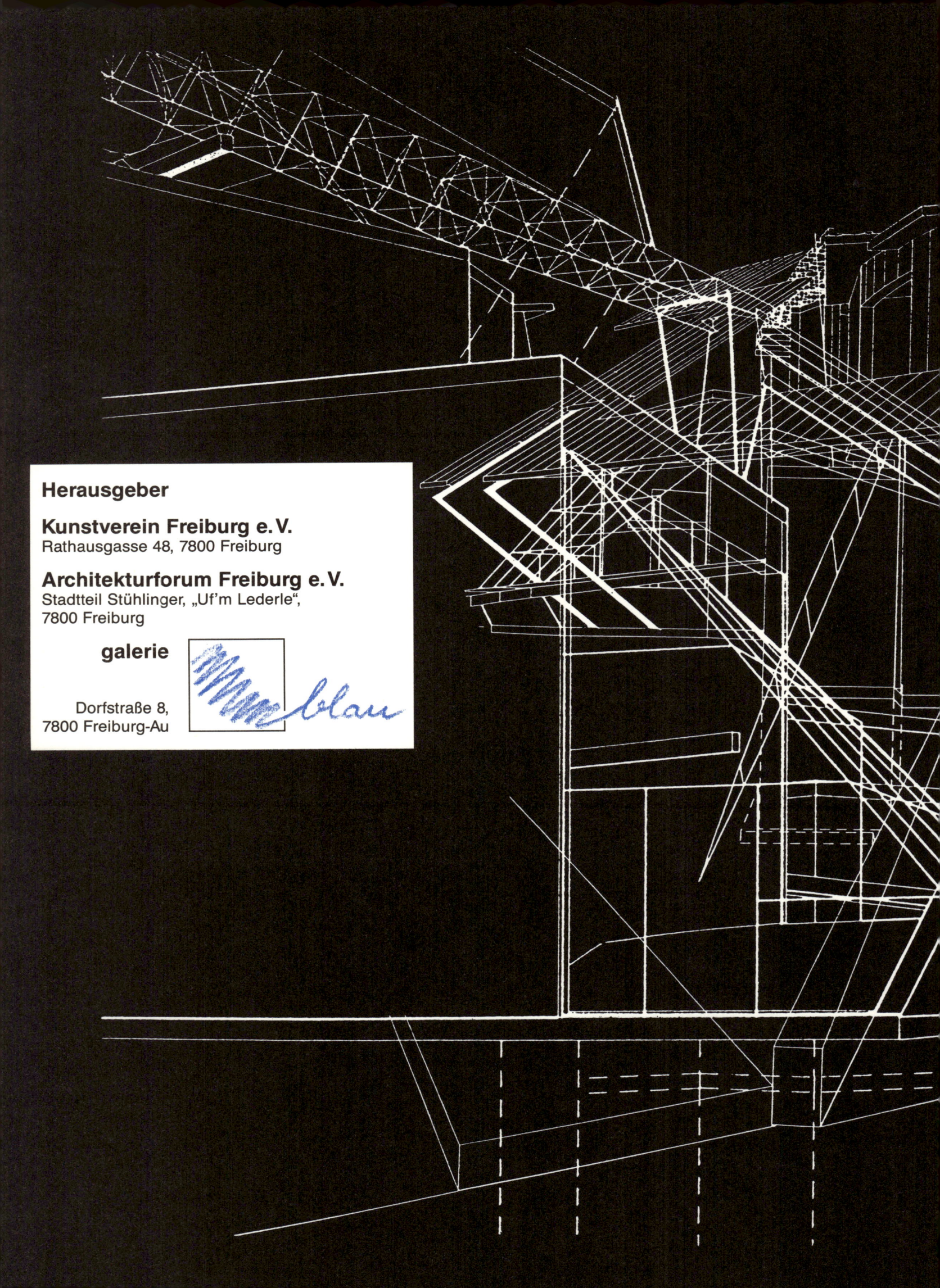

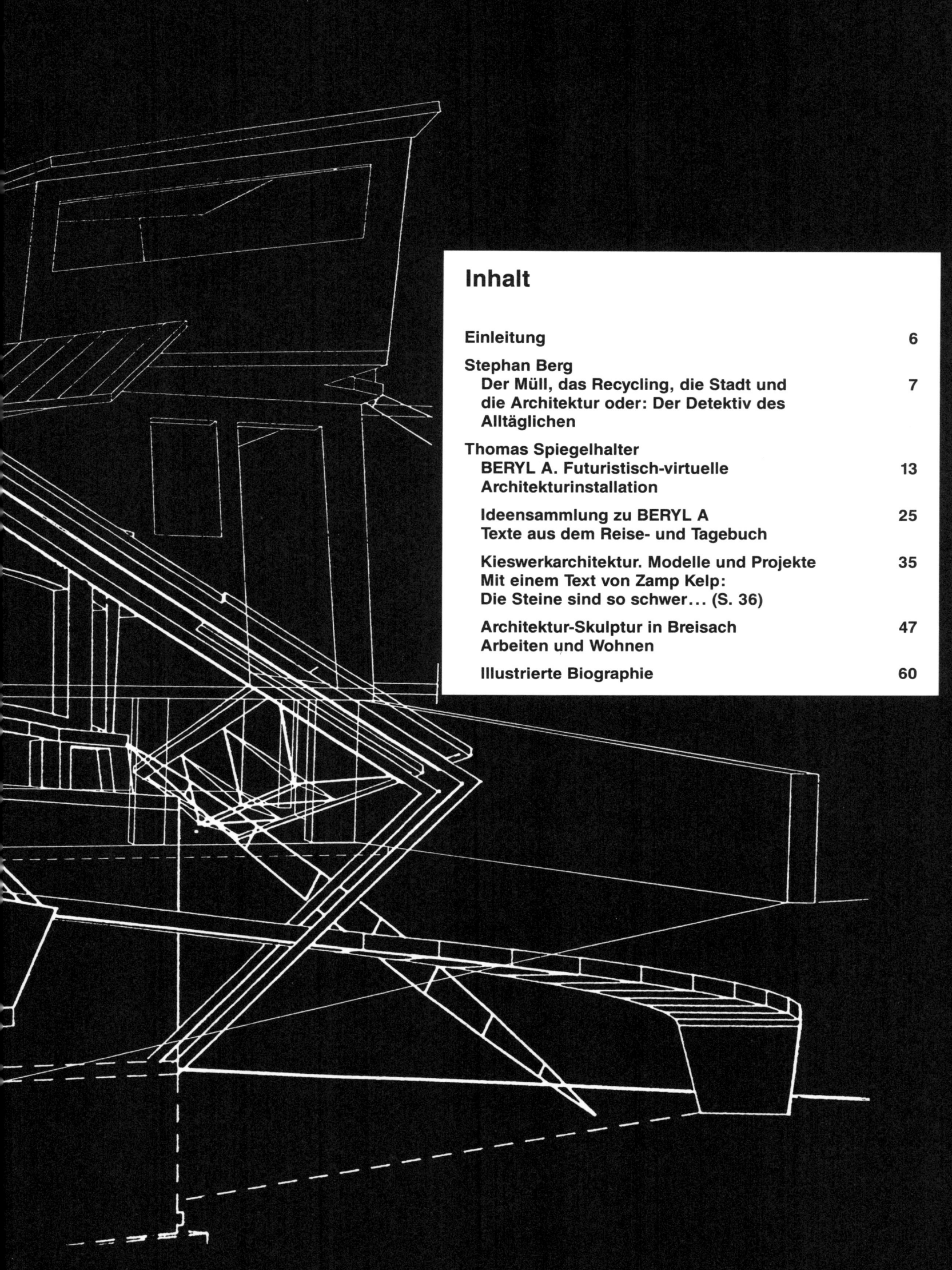

Inhalt

Einleitung	6
Stephan Berg	
Der Müll, das Recycling, die Stadt und die Architektur oder: Der Detektiv des Alltäglichen	7
Thomas Spiegelhalter	
BERYL A. Futuristisch-virtuelle Architekturinstallation	13
Ideensammlung zu BERYL A Texte aus dem Reise- und Tagebuch	25
Kieswerkarchitektur. Modelle und Projekte Mit einem Text von Zamp Kelp: Die Steine sind so schwer... (S. 36)	35
Architektur-Skulptur in Breisach Arbeiten und Wohnen	47
Illustrierte Biographie	60

Einleitung

Sowohl im skulptural-installativen wie auch im realarchitektonischen Bereich verweigern sich Thomas Spiegelhalters Entwürfe sehr weitgehend dem starren Diktat monokausal argumentierender Systematisierungsansprüche. An die Stelle einer nach unverrückbaren Prinzipien geordneten und im Rigorismus eines blindwütigen Funktionalitätsdogmas zu Tode geplanten Welt tritt bei dem 33-jährigen Freiburger Bildhauerarchitekten die Vision gleitender und fragmentarisch gewordener Systemsplitter, die die Inspiration und das Material für ihre realitätsgesättigte, dynamisch-dehierarchische Handlungsarchitektur aus den übersehenen Resten und dem Müll unserer Wirklichkeit bezieht. Auf den flexibel-beweglichen Grundcharakter der Spiegelhalterschen Architekturskulpturen verweist auch der Gesamttitel der Publikation. „Beryl A" ist die Bezeichnung für eine Öl-Bohrinsel, die von fünf großen Schleppern über die Weltmeere gezogen wird.

Es gehört zu Spiegelhalters Methode, daß sowohl seine Installationen wie auch seine Architekturen nichts verheimlichen, was sie zusammenhält. Im Gegensatz zur fassadenseligen Postmoderne, die das Kaschieren und Verstecken zu einer ihrer Hauptaufgaben gemacht hat, liegen in Spiegelhalters Arbeiten Brüche, Widersprüche, Übergänge und Verwerfungen offen zutage und werden so zum Spiegel einer Welt, die, im Gegensatz zum idealistischen Kontinuitäts- und Zusammenhangversprechen, in Wahrheit von komplexen, unhierarchisierbaren Diskontinuitäten gekennzeichnet ist.

Vorliegende Publikation versucht Struktur und Entwicklung der Arbeit Spiegelhalters in drei Schritten nachzuvollziehen. „Beryl A", das erste Hauptkapitel des Buches, dokumentiert den visionär-utopischen Teil der Spiegelhalter-Projekte anhand einer großangelegten Architekturinstallation im Freiburger Kunstverein. In dieser futuristischen Inszenierung simuliert Spiegelhalter auf der Basis von langjährigen Arbeiten und Studien über Kieswerke und ihre Architekturen deren mobile, flexible und fragmentarische Qualitäten als virtuelles Gesamtkunstwerk. Im Mittelpunkt des zweiten Hauptkapitels stehen die theoretischen Überlegungen zur Kieswerkarchitektur und ihrer möglichen Nutzung. Parallel zu diesem Publikationsteil gibt es in der „galerie blau" in Freiburg-Au Zeichnungen, Pläne, Modelle und Projekte zu diesem Themenkomplex zu sehen. Das dritte Kapitel schließlich widmet sich dem Wirklichwerden der Spiegelhalterschen Projekte. Das Freiburger Architekturforum stellt die in Breisach entstehende Architekturskulptur, diesen aus Kieswerkelementen in Niedrigenergiebauweise realisierten Bau anhand von Bauprozeßfotos, CAD-Plänen, Modellen und Zeichnungen vor.

Introduction

Both in the area of sculptural construction as well as in real architecture, Thomas Spiegelhalter's work refuses, to a very large extent, to conform to the rigid dictates set up by the demands which argue for a monocausal systematisation. In place of a world which is ordered according to firm principles and which, in the rigour of a blind dogma of functionality has been planned to death, the 33 year old sculptor-architect from Freiburg has a vision of sliding and fragmentary system splinters, which gets its inspiration and material for its dynamic-dehierarchical active architecture immersed in reality from the residue and rubbish of our time. The general title of the publication refers to this flexible-movable basic character of Spiegelhalter's architectural sculptures. "Beryl A" is the name for an oil-rig which is being pulled across the oceans by five big tugs.

It is part of Spiegelhalter's method that both his installations and his architectures do not conceal what holds them together. Unlike the postmodern era, blissful with its façades and which has concealment as its primary purpose, breaks, contradictions, transitions and rejections lay open in Spiegelhalter's works and therefore become a reflection of a world which, unlike the idealistic promise of continuity and correlation, are in reality characterised by complex discontinuities which cannot be put into hierarchies.

The publication on hand tries to comprehend the structure and development of Spiegelhalter's works in three steps. "Beryl A", the first main chapter of the book, documents the utopian-visionary part of Spiegelhalter's projects with the example of a large-scale architectural installation in the Freiburger Kunstverein (Freiburg Society of Art). In this futuristic production, Spiegelhalter simulates, on the basis of many years of work and studies on gravel pits and their architectures, their mobile, flexible and fragmentary qualities as a virtual artistic synthesis. The foci of the second main chapter are theoretical observations on the architecture of gravel pits and their potential use. Together with this part of the publication, there are drawings, plans, models, sculptures and projects regarding this topic to be seen in the "galerie blau" in Freiburg-Au. The third chapter finally attends to how Spiegelhalter's projects come true. In Breisach, an architectural sculpture is being created as a building realised from the elements of gravel pits and built in low energy style and is being presented by the Freiburger "Architekturforum" with the help of photographs of the construction phase, CAD-plans, models and drawings.

The Rubbish, the Recycling, the City and the Architecture or the Detective of Everyday Matters

Reflections on the real and imaginary architectures of Thomas Spiegelhalter

"Architecture gives evidence. Architectural construction is one of the few constants in a continually fast changing environment, on account of which it will grow in significance." These lines, with which Thomas Spiegelhalter introduces his reflections on his architectural sculpture being created in the Baden town of Breisach, sound almost beseechingly. This indeed for good reason, when you bring to mind what kind of future image of the world is created by media theorists, like the recently deceased Vilém Flusser. Considering the rapidity of development, especially in the computer industry, Flusser concludes that it is quite possible, "that, in future, we will be surrounded by objects which completely originate from pure rationalism. And when technology becomes more perfect, it will gradually become absurd trying to decide between the objects which we are used to and these holographic objects." Cyberspace, also called "Virtual Reality (VR)", is the magic word attaching to this which fires not only Flusser's fantasy. In fact, there seems to be an indication of a comprehensive change of paradigms with this computer technology, though it is presently in its early stages; but it is at least potentially able to produce such perfect and user controllable three-dimensional worlds, so that a distinction between the simulated and the "true" reality becomes impossible. Then the world would no longer be "all that which is", but a permanently manipulative varied selection of immaterial 3-D pictures; and the belief, which, for centuries has been at the centre of European thought, that reality necessarily is always understood in a material sense, can then, without hesitation be considered as settled. Flusser argues in this fashion when he pursues the idea that images produced through television and computers are real, in the sense that they are effective. We have to stop asking about the thing itself. We must concentrate on its effectiveness. These worlds, produced through computer technology, are as effective as this wretched world in which we allegedly were thrown without a choice at birth. Further thoughts not only lead to the dissolution of our everyday and living world, up to now understood as undeceivably "real", but general-

hergestellten Welten sind ebenso effektiv wie diese eine armselige Welt, in die wir angeblich hineingeworfen wurden, ohne gefragt zu werden, als wir geboren wurden." Weitergedacht führt das nicht nur zur Auflösung unserer bisher immer als unhintergehbar „real" begriffenen Alltags- und Lebenswelt, sondern generell zu einer weitgehenden Entkörperung, die sich den Menschen eigentlich nur noch in seiner Schwundstufe, als ganz auf sein Gehirn reduziertes Wesen vorstellen kann, als „Rezeptor innerhalb vernetzter Systeme von Daten und Informationen" (Florian Rötzer). So gesehen stünde natürlich auch die eingangs so eindringlich beschworene Wichtigkeit einer Architektur, die auf eine „sich ständig schneller wandelnde Umwelt" jeweils neu und spezifisch zu reagieren versucht, zur Disposition. In einer immateriell gewordenen Welt genügt als reale „Rest-Behausung" schließlich jede noch so banale Funktionsbox, weil man sich die komplexesten Alternativwirklichkeiten – auch architektonischer Natur – schließlich beliebig am Bildschirm erschaffen kann.

Gegen das hier formulierte Primat einer computergenerierten Digitalwirklichkeit und die Behauptung eines auf das zerebrale Nervensystem geschrumpften Körpers beharrt der 33jährige Freiburger Bildhauerarchitekt auf unmittelbaren, leiblich erlebbaren Erfahrungen und real existierenden Räumen und kommt zu dem Ergebnis, daß gerade das unbestreitbare Anschwellen von immateriellen und körperpassiven Bildangeboten im öffentlichen wie im privaten Bereich als Gegenreaktion ein unstillbares und „radikales Bedürfnis nach visuell-haptisch-olfaktorisch-kinästhetischen Freiräumen" bewirkt. So sehr Realität und Körperlichkeit aber einerseits unverrückbarer Ausgangs- und Bezugspunkt für Spiegelhalters architektonische Visionen sind, so sehr gehen sie andererseits von der Notwendigkeit der Verabschiedung unseres konventionellen Wirklichkeitsverständnisses aus.

Was Spiegelhalter interessiert, ist nicht die Perpetuierung einer Architektur, die ihre Legitimation aus der Aufrechterhaltung von orthogonaler Statik, Linearität und kausal vernetzter Hierarchisierung bezieht, wie es weitestgehend durch die klassische Moderne festgeschrieben wurde, sondern eine universale Flexibilisierung sämtlicher anscheinend unhintergehbarer Ordnungsvorgaben zugunsten eines wirklichkeitsgesättigteren Ergebnisses. Anders gesagt: Die Suspendierung der zentralen westlichen Ordnungskategorien, die für die klassische Lehre gleichbedeutend mit dem Verlust der Welt wäre, ist für Spiegelhalter die primäre Voraussetzung, um sie in ihrer ganzen Komplexität

ly to a far-reaching estrangement, which can perceive the human being only in its null-grade, as a being completely reduced to the brain and as "a receptor within integrated systems of data and informations" (Florian Rötzer). Seen like this, the initial insistence on the significance of such architecture, which at times, attempts to react newly and specifically to a "continually fast changing environment" would of course be at one's disposal. In a world which has become immaterial, every most banal functional unit is finally sufficient as a real "residual lodging" since the most complex alternative realities – even of an architectural nature – can ultimately be created to your liking on the screen.

The 33 year old sculptural architect from Freiburg takes a stand against this priority of computer generated digital reality and the assertion of a body diminished to the cerebral nervous system. He believes in direct, physical experiences and real existing rooms, leading to the result that the indisputable increase in immaterial and body-passive image offerings within the public and private sector produces, as a counter-reaction, an insatiable and "radical need for visual-haptic-olfactory-kinaesthetic freedom". Since reality and corporeality are immovable starting points and a reference to Spiegelhalter's architectural visions, such visions stem from the necessity to dismiss our conventional understanding of reality.

Spiegelhalter is not interested in the perpetuation of an architecture which draws its legitimacy from upholding orthogonal statics, linearly and causal networks of hierarchy, as defined to a large extent by the classic modern age, but in a universal flexibility of ordinal handicaps, which are self-evident, in favour of a result more consistent with reality. In other words: the suspension of the central western categories of order, which for the classic doctrine would be synonymous with the loss of the world, is the essential condition for Spiegelhalter in order to understand the world in its whole complexity. The absolute homogenisation of our world, repeatedly prophesied in history and also secretly contained in the advanced computer designs of the Cyberspace programs, represents a phantasm for Spiegelhalter. He points out that the central experience of reality lies in heterogeneity, decentralisation and those processes which are based not on a standardisation craving for identity but on "separation and isolation" instead of a conformed, unambiguous continuum.

Thomas Spiegelhalter's architectural credo is fed by the principle of "disturbance". Of course, it is not the

überhaupt begreifen zu können. Die in der Geschichte mehrfach prophezeite absolute Homogenisierung unserer Welt, die auch in den avancierten Computerentwürfen der Cyberspaceprogramme insgeheim enthalten ist, stellt für Spiegelhalter ein Phantasma dar. Statt einem gleichgeschalteten eindeutigen Kontinuum konstatiert er als zentrale Wirklichkeitserfahrung Heterogenität, Dezentralität und Prozesse, die statt auf identitätssüchtiger Vereinheitlichung auf „Trennen und Isolieren" beruhen.

Thomas Spiegelhalters architektonisches Credo speist sich aus dem Prinzip der „Störung". Gestört wird dabei freilich nicht die Welt als Fülle ungeordneter, prozessual zwischen Werden und Vergehen auf- und abtauchender Fragmente, sondern das gedankliche Korsett, das dieses chaotische, sich ständig verändernde Konglomerat monokausal zu fixieren sucht. „Der Künstlerarchitekt muß subversiv-aktiv in diese ‚Screen'-Fassadenkörper eingreifen, indem er parasitäre Botschaften und Störungen in die institutionalisierten Bereiche infiltriert, und er muß gleichzeitig Vernetzungen mit dem interkulturellen anderen aufbauen, um dadurch die drohende totale Telematisierung des ‚Big Business' zu demokratisieren" (Spiegelhalter).

Auf der Suche nach Störmaterial, mit dem sich die statischen Orthogonalsysteme aufhebeln lassen, ist Spiegelhalter auf die Kieswerke gestoßen. In diesen kleinen „Sonderwelten", in denen Organisches und Technisches fragile Verbindungen eingeht, und fixierungssüchtige Ordnungsraster schon deshalb nur in einer paradoxen Form wirksam werden können, weil der Sinn der Kieswerke gewissermaßen eben darin besteht, sich selbst abzubauen, hat er die Voraussetzungen gefunden, um seine Dehierarchisierungs- und Disfunktionalisierungsvorstellungen adäquat verwirklichen zu können. Nichts an den Kieswerken ist statisch oder endgültig. Weder die Architektur, die aus flexiblen, fragmentarischen Gerüstteilen besteht, die von Beginn an immer auf ihre schlußendliche Demontage angelegt sind, noch ihr Zweck: Das Befördern und transformierende Bearbeiten des Kieses, das wiederum kein Endergebnis, sondern nur das Rohmaterial für weitere Arbeitsgänge liefert, noch die Kiesgruben selbst, die durch die Arbeit des Baggers ständig ihre Gestalt verändern. Das sich hier inkarnierende prozessuale, provisorische, mit Verwerfungen und Brüchen arbeitende Funktions- und Bauprinzip ist für Spiegelhalter zum Modell für seine eigenen Architekturen geworden.

world as abundant unordered parts, which between creation and dying are in a process of coming and going, that becomes disturbed, but the mental corset which, in a monocausal way, tries to fix this chaotic, permanently changing conglomerate. "The artist-architect has to make a subversive intervention into these 'screen' façades by infiltrating institutionalised areas with parasitic informations and disruptions, and, at the same time to establish connections with other intercultural bodies in order to democratise the impending total 'telecommunicatisation' of 'Big Business'" (Spiegelhalter).

In search of disruptive material with which the static orthogonal systems could be tackled, Spiegelhalter found the gravel pits. In these small "special worlds", where the organic and technical combine delicately, and where schemes of order craving for fixation can only take effect in a paradox manner, as is inherent in gravel pits in the manner that they quarry themselves, he found the requirements to adequately realise his ideas of de-hierarchisation and dis-functionalisation. Nothing in gravel pits is static or final; neither the architecture which consists of flexible, fragmentary parts of scaffolding, which from the beginning are always laid out for their final demolition; nor their purpose, which is the conveying, transforming and dressing of gravel, which in turn produces no final result but only raw material for further operations; nor the gravel pits themselves which permanently change their shape through the work of the excavator. The principle of function and construction which is incarnate here, its process, its provisionality and its workings and disruptions, became model to Spiegelhalter for his own architectures.

In the area of installations as well as in practised architecture, his designs are based on the dismissal of the Euclidian idea of geometry and hierarchy. The architectural sculpture being created in the town of Breisach in Baden is technically influenced by an excavator and by the form of an insect, and in this way, outlines itself as a dynamic solitaire full of passages, open structures, breaks and precipitous slopes, whose content of reality becomes even more intensified through the use of elements of gravel pits and materials which in other contexts have been declared as unusable. In this way, the house portrays the world's complexity. It becomes a model for the belief that it is not the continuum that is the decisive factor, but the break; and therefore in the end becomes an indicator of the porosity of our systems which are so generally accepted.

Generell im installativen wie realarchitektonischen Bereich fußen seine Entwürfe auf der Verabschiedung des euklidischen Geometrie- und Hierarchiegedankens. So entwirft sich die im badischen Breisach entstehende, formal von einem Förderbagger und einer Insektenform beeinflußte Architekturskulptur als dynamischer Solitär voller Passagen, offener Strukturen, Brüche und beschleunigter Schrägen, dessen Realitätshaltigkeit durch den Einsatz von Kieswerkelementen und Materialien, die in anderen Kontexten für unbrauchbar erklärt wurden, noch gesteigert wird. So wird das Haus zum Abbild der Komplexität der Welt, zum Modell für die Überzeugung, daß nicht das Kontinuum das entscheidende ist, sondern der Bruch; also letztlich zum Hinweis auf die Löchrigkeit unserer sich so allgemeinverbindlich gerierenden Systeme.

Das heißt nun freilich gerade nicht, daß dieser Entwurf als reines dreidimensionales Denkbild für eine nur noch fraktal zu begreifende Wirklichkeit geplant wurde, oder daß gar, wie in den architekturtheoretischen Schriften Peter Eisenmanns, Architektur als autonom und gänzlich unabhängig von den Kriterien der Bewohnbarkeit gesehen wird. Im Gegenteil: Spiegelhalters Architektur denkt den Menschen immer integral mit, was sich unter anderem auch in der vorgesehenen völligen Begrünung und der ökologisch vorbildlichen Niedrigenergiebauweise der Breisacher Architekturskulptur äußert. Dieses Haus beherbergt den Menschen und fordert ihn mit seiner nach allen Seiten offenen, gebrochenen und kinetischen Struktur gleichzeitig nachdrücklich zum Kontakt mit dem Draußen auf.

This does not exactly mean that the design was planned as a purely three-dimensional mental image for a reality which can only be conceived in its parts, or that architecture can even be noted as autonomous and entirely independent of habitability criteria, as in Peter Eisenmann's theoretical architectural works. On the contrary; Spiegelhalter's architecture always has the human being as an integral thought, which, inter alia, manifests itself in the planned complete landscaping and the ecologically exemplary and energy conserving style of the architectural sculpture in Breisach. This house, while providing accommodation, at the same time is open on all sides, and with its broken and kinetic structure, emphatically invites contact with the outside.

The concept of a Tadao Andos, who designs his houses like protective castles, in which a hermetic outside corresponds with the opening to the inside, is totally unknown to him. Like Bernhard Tschumi, with his buildings in the Parisian Parc de la Vilette always taking into account the space between them, so does Spiegelhalter's works also aim at open, unoccupied and vacant spaces; the freedom in which fantasy can develop its potential. In the interest shown in the everyday and often overlooked reality, and in the certainty "that the chaotic state of urban organisation demands more than those simple and clean solutions of the functional school" (Gössel/Leuthäuser), Spiegelhalter's idea of an up-to-date architecture coincides with the ideas of a variety of contemporary architects from Robert Venturi to Frank O'Gehry.

Thomas Spiegelhalter
Naturmonopol, Zeichnung, 1991

Das Konzept eines Tadao Andos, der seine Häuser wie Schutzburgen entwirft, bei denen ein hermetisches Außen mit der Öffnung nach innen korrespondiert, ist ihm völlig fremd. So wie Bernhard Tschumi im Pariser Parc de la Vilette bei seinen Bauten immer auch den Raum zwischen ihnen mitdachte, zielt auch Spiegelhalters Arbeit auf das Offene, Unbesezte, auf Freiräume, in denen die Phantasie ihr Potential entfalten kann. In ihrem Interesse an der alltäglichen und deshalb oft übersehenen Wirklichkeit und der Gewißtheit, „daß der chaotische Zustand städtischer Organisation mehr verlangt als die einfachen und sauberen Lösungen der funktionalen Schule" (Gössel/Leuthäuser), berührt sich Spiegelhalters Vorstellung von einer zeitgemäßen Architektur mit den Ideen einer Fülle von zeitgenössischen Architekten von Robert Venturi bis Frank O. Gehry.

Aber Spiegelhalter zieht aus dem städtebaulichen Durcheinander, „der fraktalen Alltagsszenerie" mit ihrem Nebeneinander von „Glitzerpalästen und abrißreifen Häusern", von Gewerbebrachen und idyllischen Villenvierteln sehr viel radikalere Schlüsse als Venturi mit seinen „dekorierten Schuppen" oder beispielsweise die Gruppe SITE, die in den 70er Jahren hinter ihren dekorativ bröckelnden Fassaden banale Funktionsboxen verschanzte. Kaschiertes, Ornamentales, das wohlfeile Spiel mit Verblendungen und Fassadenoberflächlichkeit sucht man bei ihm vergeblich. Spiegelhalter greift auf, was die Wirklichkeit ihm bietet, unvoreingenommen und ohne jeden Versuch, die Fülle der Eindrücke zu selektieren und zu hierarchisieren. Der ganze kinästhetische Zusammenhang einer

But Spiegelhalter draws even more radical conclusions from the mess of urban development, "the fragmentary everyday scenery" with its juxtaposition of "glittering palaces and houses fit only for demolition", disused industrial estates and idyllic exclusive residential areas, than Venturi with his "decorated sheds" or for example the SITE-group which, in the 70's entrenched banal functional units behind their decoratively crumbling façades. In his work, you will not find concealed or ornamental features, cheap facings or superficial façades. Spiegelhalter deals impartially with what reality offers him, without attempting to order the many impressions by putting them into hierarchies. The whole kinaesthetic correlation of urban culture, its smells, noises, dirt, rubbish, glittering advertising boards, the soothing facades of prestigious buildings, the remote, the hidden and the obvious, lead to an architectural practise which aims at the broadest juxtaposition of all forms of urban reality. What Vilém Flusser says generally about the transition from a hybrid to a chimerical principle, can also be applied to Spiegelhalter's working method. The creation of hybrids, by crossing two organisms to give a new and better one, is based on a linear and progressive development scheme, whereas, chimerical creation works with the concept of eclipsing and of transfer. According to this, evolution is denied and the world is instead understood as a synthetical juxtaposition of systems with entirely equal rights, where there is no causal principle of meaning to provide for the correlation at its overlapping zones, but where otherwise, anything that exists cannot be disregarded, simply

Thomas Spiegelhalter
Deponiekörper und Mediatecturen,
Zeichnung, 1991

städtischen Kultur, ihre Gerüche, Geräusche, ihr Dreck, Müll, das Glitzernde der Werbetafeln und die Fassadenseligkeit der Repräsentationsbauten, das Entlegene, Verborgene wie das Offenbare münden in eine architektonische Handlungsform, die auf ein möglichst breites Nebeneinander aller urbanen Wirklichkeitsformen zielt.

Was Vilém Flusser allgemein über den Übergang vom hybriden zum chimärischen Prinzip sagt, läßt sich so auch auf Spiegelhalters Arbeitsmethode anwenden. Während die Erzeugung von Hybriden, bei der aus der Kreuzung von zwei Lebewesen ein neues, besseres entsteht, auf einem linearen, Fortschritt verheißenden Entwicklungsschema basiert, arbeitet die Chimärisation mit dem Begriff der Überlagerung, der Übertragung. In diesem Sinne negiert sie die Evolution und begreift die Welt statt dessen als ein synthetisches Nebeneinander völlig gleichberechtigter Systeme, an deren Überschneidungszonen kein kausales Sinnprinzip mehr für Zusammenhang sorgt, andererseits aber auch nichts, was besteht, einfach wegdiskutiert werden kann, nur weil es nicht in ein äußerlich aufoktroyiertes Werteraster paßt.

Spiegelhalters Interesse zielt darauf, eine Architektur zu entwerfen, die die Wirklichkeit nicht reguliert, domestiziert und begradigt, sondern sie in ihrer gesamten Vielschichtigkeit, ihrer widersprüchlichen, hierarchielosen Fragmentarisierung spiegelt. Er selbst sagt das so: „Ich möchte in meinen Arbeiten und in meiner Wahrnehmungsneugierde die Kräfte des Alltags detektivisch analysieren, welche unsere Umwelt – egal, in welchem Medium – beherrschen: Schrift, Gestank, Pisse, Lochblech, HiFi, Faxgeräte, lange Haare, Autoreifen, Unfälle, Lautsprecher, defekte Regenrinnen, Klimaanlagen, Geburt, kurzum, alles, was funktionieren soll. Ich möchte keine ideale Welt suchen, finden, bauen. Ich weiß, daß dies nicht möglich ist. Was ich suche, ist der verdrängte Prozeß des Auf- und Abbaus von Bewährtem, Gewolltem – das Weiterprobieren und Verwerfen, Entstellen und wieder komponieren; Prinzipien (?), welche Ähnlichkeiten von biologischen und kulturellen Evoltuionsprozessen ergeben." Das ist ein utopisches Projekt, keine Frage. Aber täuschen wir uns nicht: Es ist genau diese utopische Dimension seiner Arbeit, die wir brauchen werden, wenn wir verhindern wollen, daß uns die Welt vollständig entgleitet.

Freiburg, im Dezember 1991

because it does not fit into an externally imposed scheme of values.

Spiegelhalter's interest is focused on formulating an architecture which does not regulate, domesticate or limit reality, but which reflects reality in its whole complexity, which is its contradictory and non-hierarchical stratification. He himself describes it like this, "In my works and through my perceptions, I want to analyse, with detailed detection, the powers of every day life which – no matter in which medium – master our environment; writing, stink, piss, punched sheet metal, hi-fi, fax machines, long hair, car tyres, accidents, loudspeakers, defective gutters, air-conditioning, birth; in short, everything which ought to function. I do not want to search for, find or build an ideal world. I know, that this is not possible. What I am looking for, are the lost processes of construction and de-construction of those things that have been proven and wanted, – to experiment and to reject, to distort and to re-compose – these principles (?) which resemble biological and cultural evolution processes". No doubt, this is an utopian project. But let us not be mistaken; it is exactly this utopian dimension in his work which we will need if we want to prevent the world slipping away from us completely.

Thomas Spiegelhalter
BERYL A
Futuristisch-virtuelle Architekturinstallation

Entwurfsskizzen zur Architekturinstallation Beryl A. Polaroid-Fotos des Raumes dienten als Vorlage und wurden mit Tusche und Farbstift übermalt.

Architektur gibt Zeugnis. Gebaute Architektur ist eine der wenigen Konstanten in einer sich ständig schneller wandelnden Umwelt, und daher wird die Bedeutung von Gebautem zunehmen.

Der positive Verlust der Architektur als kräftiges Bild unterläuft die herkömmlichen Kategorien einer gefälligen Umfragearchitektur, die mit der Überwindung der Natur in Verbindung gebracht wird: Ort, Weg, Eingrenzung, Gegenwärtigkeit und das rückgratig aufrechtstehende Gebäude sollen die Überwindung der Schwerkraft symbolisieren.

Doch die auf dem Prinzip des Mülls und des Recyclings künftig beruhenden Architekturkonzeptionen nehmen immer mehr Abstand von der Planung: sie sind nicht mehr vorhersehbar.

Die urbane Wiederverwendung von Abfall[1], von industriellen Materialien, Konstruktionen und Gebäuden werden bei der Entstehung neuer „synchroner" Stadtlandschaften dominieren.

Entstellende und verniedlichende Kräfte an Orten dieser dritten Industrierevolution werden nicht negiert, sondern betont und zu neuen Kompositionen transformiert.

Gleichzeitig entstehen sogenannte „Cybernetic Buildings"[2] als belebte und bewohnte „Werkzeuge", deren Kommunikations- und Informationssysteme Gebäude wie Nerven- und Arteriensysteme durchziehen.

zu 1:
älteres Beispiel: die „ad-hoc-Barrikaden" der Pariser Kommune von 1871; oder ein neueres Beispiel: eine Stadt kann von der Größe ihrer Abfallhalden lernen – in Kairo leben Menschen von und in ihnen.

zu 2:
„Les Images et la Guerre", von Jacques Innocente und Paul Virilio, O.R.T.F.-Antenne 2: Der Austritt aus der Zeit. Flugsimulatoren schieben sich vor Jahrhunderte alte Gewohnheit direkter Erfahrung. Neueste Prothetik erlaubt Nachtflüge in niedrigster Höhe. Im blinden Cockpit wird nach einem synthetischen Bild der tatsächlichen Landschaft geflogen. Der Simulator hat abgehoben, und der Nachschub wurde zu einer Logistik der Bilder.

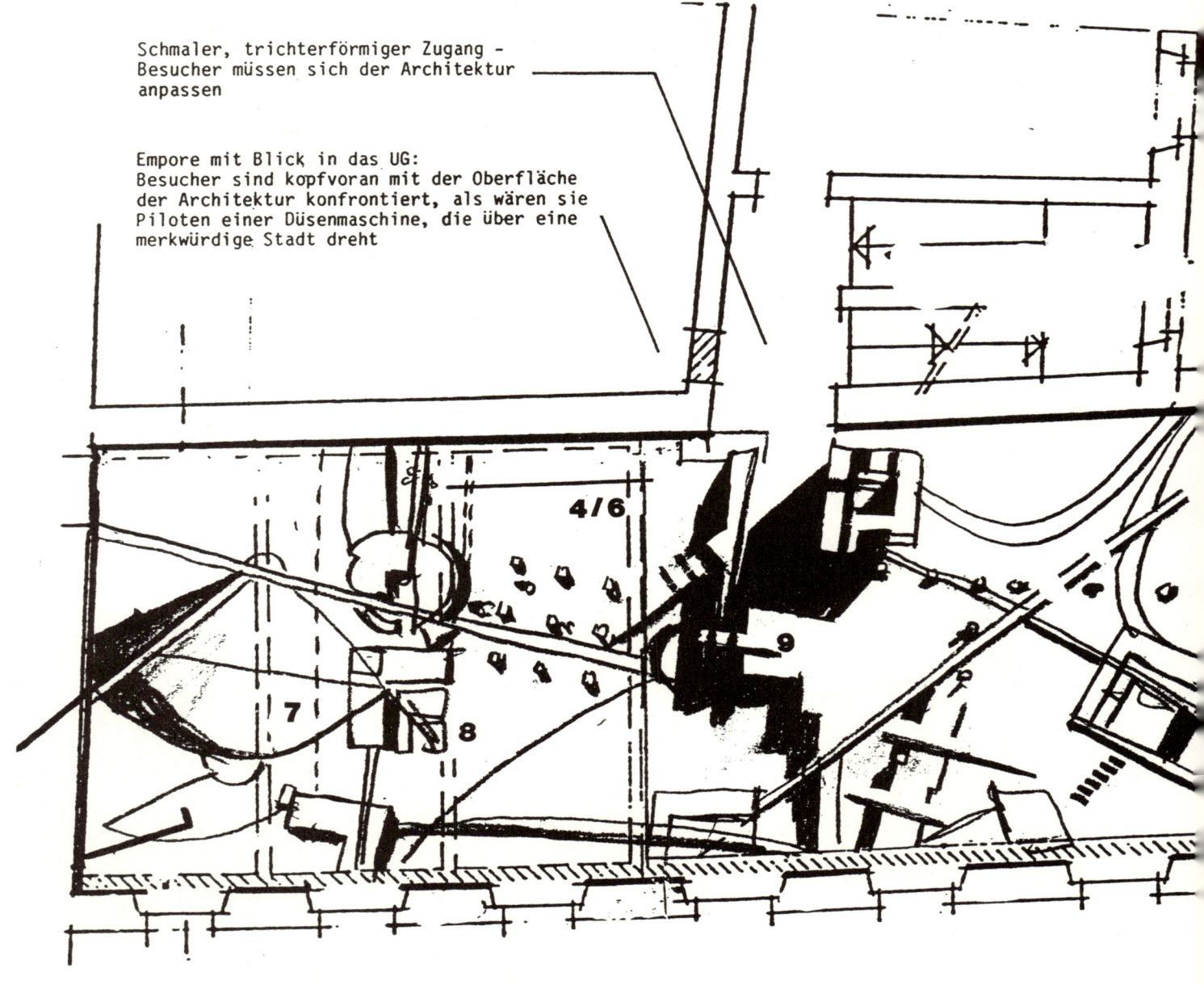

Schmaler, trichterförmiger Zugang - Besucher müssen sich der Architektur anpassen

Empore mit Blick in das UG: Besucher sind kopfvoran mit der Oberfläche der Architektur konfrontiert, als wären sie Piloten einer Düsenmaschine, die über eine merkwürdige Stadt dreht

Entwurfsskizzen zu Beryl A, Bleistiftzeichnung, 1992 (siehe auch die folgende Seite)

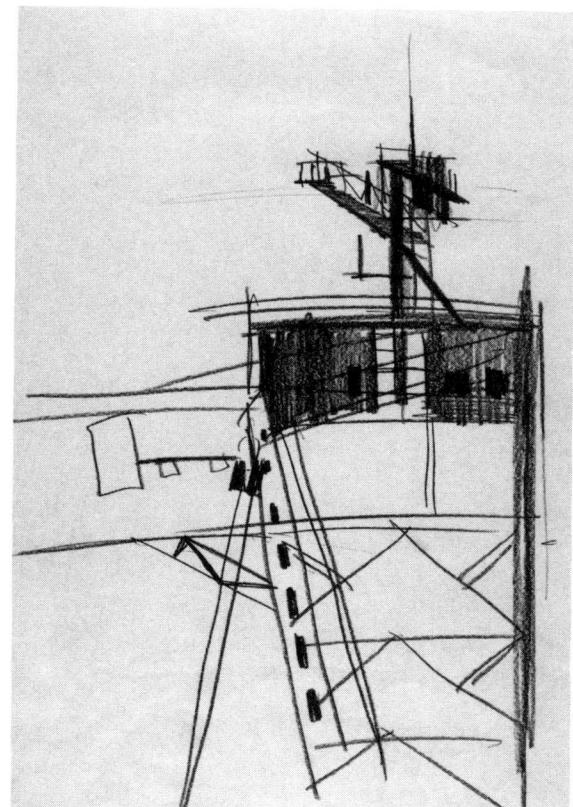

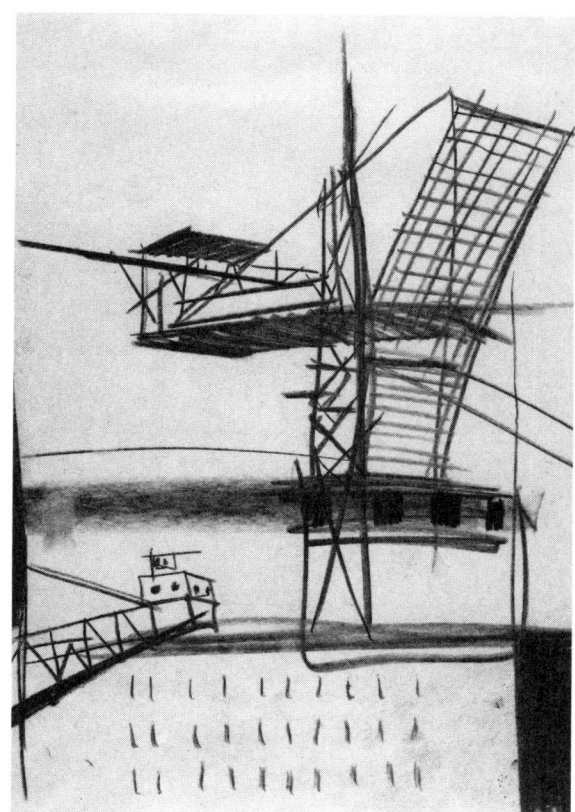

Grundrißentwurf zu Beryl A: Hängende, schwebende und liegende Archtitekturinstallation aus natürlichen, agglomerierten, präfabrizierten Werkstoffen; mit (Life-)Mikrophonen, Monitoren mit Störfrequenzen, Isolatoren, Transformatoren, Okularen, Spiegel, Asphalt und Sand.

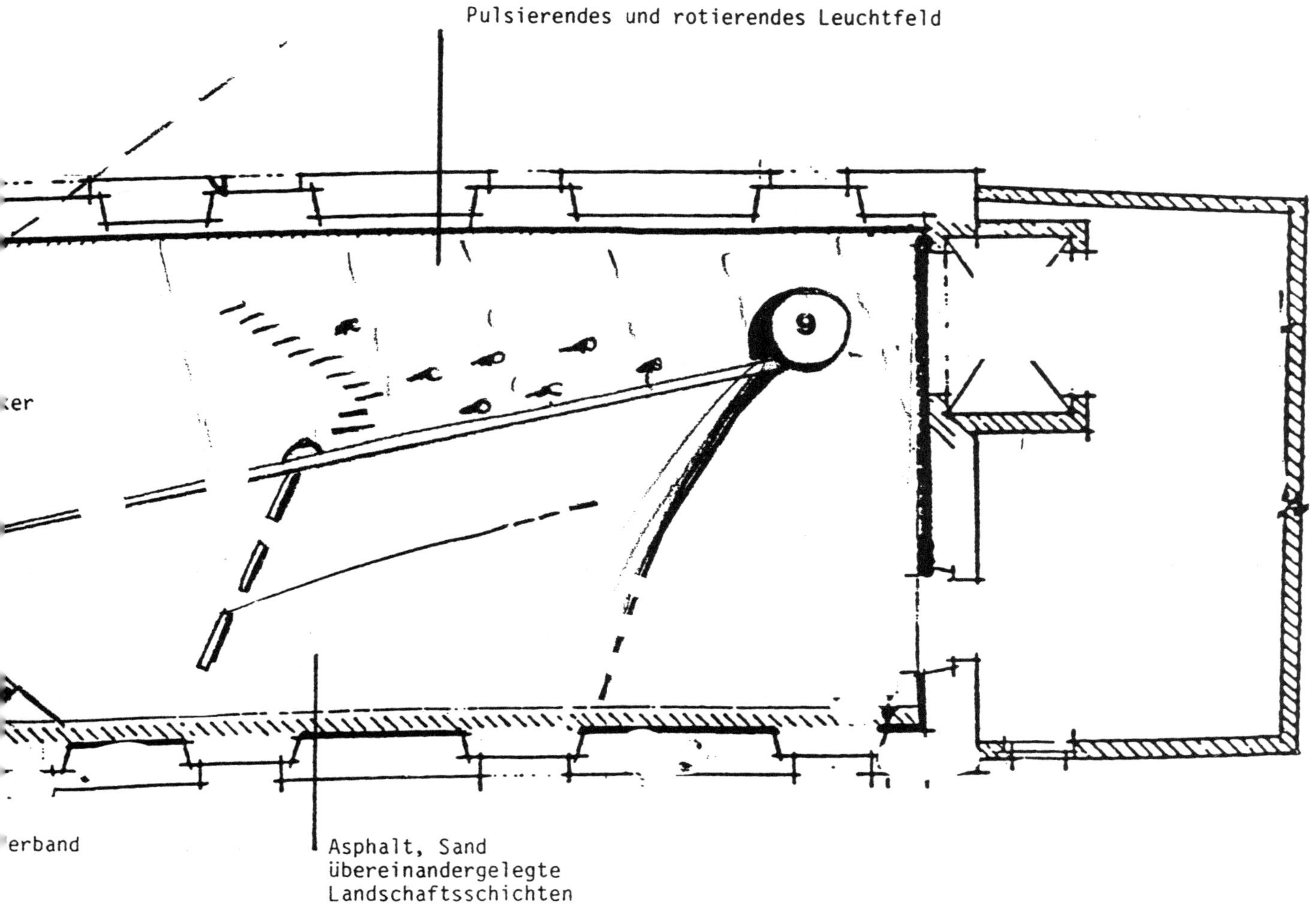
Pulsierendes und rotierendes Leuchtfeld
9
ker
erband
Asphalt, Sand
übereinandergelegte
Landschaftsschichten

Rundgang durch die Installation
BERYL A

Virtuelle Stadtlandschaft mit Architekturhybriden (l.o.)
Virtuelle Architekturinstallation, Teilansicht (l.u.)
Recyclingarchitektur (r.o.)
Virtuelle Architekturinstallation, Großstadt im Jahre 3000 (r.u.)

Deponiekörper und
Recyclingarchitektur (S. 18)
Deponiekörper (o.)
Details (r.)
Haustechnik der
Deponiekörper (m.u.)

Mediatecturen (o.); Innenansicht (u.);
Körper im Körper (r.u.)

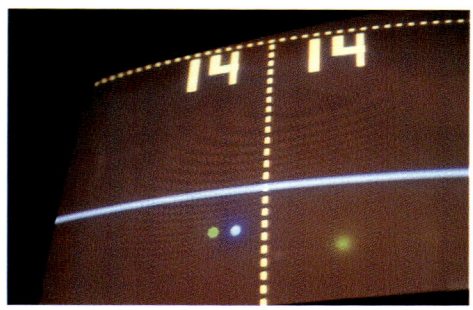

Virtuelle Architektur, Stadtlandschaft (o.)
Mediatecturen (m.u.)
Telematische Stadt (m.r.)
Screens (r.u.)

Chimärische Architektur und Deponiekörper

Chimären über Stadtlandschaft

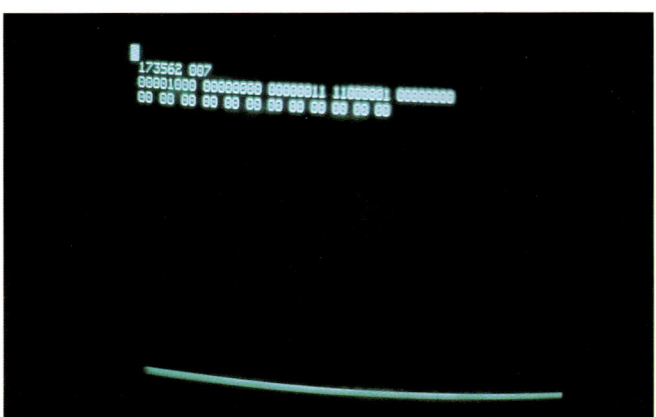

Telematik und
Recycling;
Landschaftsarchitektur

Thomas Spiegelhalter

Ideensammlung zum Projekt BERYL A

Texte aus dem
Reise- und Tagebuch

RESSOURCEN DES BEWEGTEN

Intercity Berlin – Freiburg, 1988
Ich sehe immer wieder diesen funktional-linearen Pragmatismus, welcher die Natur in der Regel dort zu einer **gesetzmäßig** „schönen" und/oder zu einer gesetzmäßig „häßlichen" depotenziert, wo die metaphysische E r e k t i b i l i t ä t des Zweibeiners Mensch seine eigene Zufälligkeit, den Widerspruch zwischen sich selbst und seinem ständig sich verändernden inter- oder subkulturell anderen, nicht mehr aushalten, nicht mehr ertragen kann. Die kulturelle Evolution des Zweibeiners hat es geschafft, in diesem erdgeschichtlich lächerlichen kurzen Zeitraum einen noch nie dagewesenen Artenschwund und die weitgehende Vergiftung der Biosphäre zu bewerkstelligen. Trotzdem zeigt die Natur in manchen geologisch aufgewühlten Stadt- und Landschaftsräumen, daß sie durchaus von Planern nicht ästhetisch rekultivierte Flächen zurückgewinnt, „renaturiert", und daß sie sich nicht nach den zentralistisch vorgegebenen Wertigkeiten von Chaos und/oder Ordnung, Variabilität und/oder Monotonie, Symmetrie und/oder Asymmetrie richtet. Die naturgeschichtliche Evolution, als deren Implement und nicht als deren Speerspitze das Anthropozentrum „Mensch" sich zu verstehen gezwungen sein wird, hat kein Ziel und keinen Zweck. Sie spielt und läßt als ein offenes, sich selbst organisierendes System – indem sie das Anthropozentrum stört –, die sich verselbständigenden Funktionswünsche des technisch und chemisch Machbaren nicht erst seit heute, sondern seit ehedem schon als überholt erscheinen.

Das Abweichende – so schrieb ich 1988 in der zwischenzeitlich verschwundenen Berliner Zeitschrift für „TopoLogik und StörungsKunde" –, die spontane Macht des (abenteuerlich) Ungeplanten, das ungeordnete Neben- und Nacheinander, das Vor- und Nachläufige wird als konstituierendes Element, wie es etwa in Naturprozessen die Regel ist, verplant, registriert und kartiert und schließlich so per Gesetz zur Aufrechterhaltung eines angeblichen Allgemeinwohls eliminiert. Das heißt doch auch heute noch: immer dort wird das Ungeplante, das potentiell Störende ausgegrenzt, wo der herrscherhafte Zugriff auf den Un-Raum (apeiron) seine zum Absoluten erhobene Ordnungsperspektive gefährdet sieht. Aber auch umgekehrt: daß die sich verselbständigende Ordnung ihr eigenes Gegenteil, die Unordnung, in Bewegung versetzt und so „produziert", bleibt unwiderrufbar. Ist der Un-Raum für die Zukunftsplaner das Chaos (das Unwirtliche) im Sinne eines Abgrundes, so ist er es noch genauer deshalb, weil er überhaupt nicht vorhanden ist. Er ist selbst erst Produkt all dessen, was die Ordnung in Bewegung setzt.

Die Mathematik und die Naturwissenschaften sprechen von chaotischen Systemen, wenn deren Entwicklungen nicht determiniert, nicht vorhersagbar sind. Doch nach dem paradox klingenden Begriff „deterministisches Chaos" entsteht Chaos streng gesetzmäßig etwa in Turbulenzen und in sogenannten Doppelpendeln. Geordnete Strukturen der Chaossysteme wie die des (barocken) Feigenbaumszenarios zeigen, wie äußerst empfindlich diese nichtlinearen Systeme auf kleinste Veränderungen (Schmetterlingseffekt) der Anfangsbedingungen reagieren. Sobald ein dynamisches System – und letzlich ist ja alles dynamisch – durch Chaoszonen, seltsame Attraktoren und Bifurkationen läuft, ist die Kette der M o n o k a u s a l i t ä t durchbrochen und der wissenschaftlich-prognostizierende Fachchauvinismus nicht mehr eindeutig, sondern nur noch „global", Allgemeinplätze fixierend. Das, was man als wissenschaftliche Verifikation bezeichnet, läuft somit auf eine gewisse Art der Operationalität hinaus. Die Wissenschaft trifft Aussagen, die vorbestimmten formalen Anforderungsprofilen genügen, wenn man sie nur auf die vorgefeilten Versuchsanordnungen übertragen kann, auf die ermittelte Effizienz, d.h. eine kontrollierte und voraussagbare Operationalität.

Das „mechanistische Weltbild" vieler (der meisten) Medieninstanzen, insbesondere auch die archimedische, sokratische und euklidische Geometrie, und

Biotop, Zeichnung, 1991

Herrschaftsdenkweisen von ausschließlich Linie, Kreis, Kugel und Quadrat brechen beim beständigen Aufschaukeln von mikroskopischen und makroskopischen Ordnungs- und Unordnungszuständen in sich zusammen. Die zeit- und prozeßadäquate Sprach- und Kommunikationshilfe dieser das „mechanistische Weltbild" erschütternden typischen Natureigenschaften dynamischer Systeme, ist die „Fraktale Geometrie" mit ihren unermeßlichen Vorräten an geometrischen Elementen und komplexen Bewegungsstrukturen.

1971 wurde in der Zeitschrift „Casabella" ein Prototyp einer Idealstadt vorgestellt. Dieser Stadtkomplex besaß die Form einer rollenden Fließbandfabrik, die während ihrer Fortbewegung auf der Rückseite fertige Wohnhäuser ausstieß. Dabei war das Ausstoßtempo so langsam angelegt, daß diese Stadt bereits im rückwärtigen Teil zu verfallen begann, während sie sich vorne selbsttätig erneuerte. Eine Bandwurmstadt, die sich kontinuierlich produziert. Dem industriellen Konversionsprozeß von Rohstoff fördern, aufnehmen und aneignen kann also, im Nachhinein betrachtet – und dies verschweigen die Marketing-Strategen –, auch ohne die bisher alles Leben bedrohenden Massenschübe der Kriege in Gang gehalten werden, indem den jeweiligen Gütern und Produkten an verschiedenen Orten in verschiedenen Zeitpunkten schon bei ihrer Herstellung die Keime vom schnellen Verfall eingebaut werden.

Neue Produkte sind in diesem Sinn bereits während des Produktionsverlaufs potentieller Müll für anwachsende Abfallhalden, auf denen ordnungsliebende und unordnungsnegierende Landschaftsarchitekten Schaukelchen und Sitzbänkchen und diverse andere „Behübschungsrequisiten" – des Allgemeinwohls und der Fachpreisrichter wegen – sinnstiftend installieren. Diese verlogenen Ordnungssysteme mit ihrem paradoxen Zentralismus müssen – so lese ich bei Jean-François Lyotard – in Frage gestellt werden, und weiter: „Neutralität aller Richtungen, Kommutativität aller Figuren entsprechend den Transformationsgesetzen (...). Was sich abzeichnen muß, ist eine Gruppe von heterogenen Räumen, ein großes **patchwork** aus lauter minoritären Singularitäten (...), der Spiegel, in dem sie ihre nationale Einheit erkennen sollten, zerbricht."

EGAL, IN WELCHEM MEDIUM

Aus meinem Tagebuch vom 6.5.1991
Nachdenken. Nein, ich schreib' einfach drauflos. Es ist 21.32 Uhr, sagt der Wecker auf meinem Arbeitstisch (...), ein anstrengender Tag: Architekturkorrektur und Diskussionen, Widersprüche, Aha-Erlebnisse, Pseudoerotik, Verwaltungsmief (wie schreibt man Mief, Muff?), Beamtenärsche, Sonnenschein und eine interessante Bibliothek, Mensaessen, die Pommes waren zu hart... Ich hasse dieses Verstecken und kaschieren von (interessanten) Brüchen, Widersprüchen, Übergängen, Verlandungen (...). Ich möchte keine ideale Welt suchen, finden, bauen. Ich weiß, daß dies nicht möglich ist. Was ich suche, ist der verdrängte Prozeß des Auf- und Abbaus von Bewährtem, Gewolltem, das Weiterprobieren und Verwerfen, Entstellen und wieder komponieren. Ich möchte in meinen Arbeiten und in meiner Wahrnehmungsneugierde die Kräfte des Alltags detektivisch analysieren, welche unsere Umwelt – egal, in welchem Medium – beherrschen: Schrift, Gestank, Pisse, Lochblech, HiFi, Faxgeräte, lange Haare, Autoreifen, Unfälle (per Unfall denken?), Lautsprecher, defekte Regenrinnen, Klimaanlagen, Geburt, kurzum: alles, was funktionieren soll.

RECYCLING PLUS CYBER-ADDICTS, DEPONIEKÖRPER UND MEDIATECTUREN

26. September 1984, Las Vegas, 108 Fahrenheit, sunny and cloudy

> Take my head and mike my brain,
> Stick that needle in my vein.
> Thomas Pynchon

18.59 Uhr, sitze am Las Vegas Boulevard und warte auf ein günstiges Blitzlicht. Zuvor durchstöberte ich einige Casinos, die mich aber aufgrund ihrer allegorischen Kitschatmosphäre nicht weiter interessierten. Glücksspielmetropole? Ein wenig albern, gestochen banal installiert. Kitschassemblage und verträumter Augenschiß, dazu offene Erwachsenenspielplätze mit sich drehenden Wunschmaschinen. Ach was, fuck off, Las Vegas! Im rechten Winkel geschmiegt, diesmal ohne Krawatte, dafür den Kopf nach oben, gepreßt-versteift, aber heroisch, schlendern die Erben entweder „on vacancy" oder „on business" auf dem heißen Boulevard entlang. Wie vom Sautrog befriedigte, gemästete Kleisterfressen, partiell-elegant, von der Wüstensonne hübsch angeröstet, schleifen sie sich von einem Neonschuppen zum nächsten. Gold Key Motel, Stardust Riviera, El Rancho, Sun Dance, Peppermill and Twist – wie sie alle heißen mögen.
Don't be alone in Las Vegas. Direct to you 24 hours, all credit cards accepted – weicher Schrott bei 40 °Celsius.

IC Wilhelm Busch, 7.10 Uhr, 22.10.1991, Freiburg – Kaiserslautern im Speisewagen.
Ich lese: der amerikanische Soziologe und Architekt Christopher Alexander sagt: „Eine Stadt ist kein Baum." Was ist sie dann, die Stadt? Vielleicht ein Netzwerk sich verschiebender Bedingungen, Ereignisse, Begegnungen, Kommunikationsmuster und -prozesse. Sicher, das Leben vollzieht sich nicht mehr unbedingt nach den einfachen Kategorien von Typus und Aufgabe, die im 19. Jahrhundert entwickelt und später als Basis benutzt wurden für das Programm der funktionalen Teilung im 20. Jahrhundert. Die Entmischung von Wohnen und Arbeiten ist immer noch Bestandteil von Sehnsüchten „reißbrettplanender" Architekten und Städtebauer nach vorindustriell-rationalisierten Stadt- und Straßenlandschaften.

Baudrillards Beobachtungen beziehen sich mehr auf die Reklamewelt, deren Ausgangspunkt und

Entwicklungsperspektiven er den jetzigen und künftigen Straßenlandschaften zugrunde legt. Zitat: „Der Körper, die Landschaft, die Zeit verschwinden alle zunehmend als Szenen (der Handlung). Das gleiche gilt für den öffentlichen Raum: das Theater des Sozialen und das Theater der Politik werden mehr auf einen großen weichen Körper mit vielen Köpfen reduziert. Er meint weiter: die Werbung in ihrer neuen Dimension durchdringt alles in dem Maße, wie der öffentliche Raum (die Straße, das Denk-mal, der Markt, die Szene) verschwindet.

Sie verwirklicht sich, oder, wenn man so will, sie materialisiert sich in ihrer ganzen Obszönität: sie monopolisiert das öffentliche Leben mit ihrem Exhibitionismus (...). Das ist heute unsere einzige Architektur: große Leinwände, auf denen Atome, Partikel, Moleküle in Bewegung sich widerspiegeln. Keine öffentliche Szene oder ein wirklich öffentlicher Platz, sondern gigantische Räume der Zirkulation, Ventilation und ephermere Verbindungen.

Wie soll ich diese philosophischen Kapriolen nun im übertragenen Sinne verstehen: „Keine öffentlichen Szenen"? Und das, nachdem ich eben solche, durch Mark und Bein, Augen und Gehirn, olfaktorisch, haptisch, kin- und synästhetisch und akustisch wahrnehmbare Straßen und Plätze im Stadt- und Bahnhofsbereich in 250 km weit fahrenden halböffentlichen „IC-Räumen" körperintensiv erlebe?

Wo sind die Screens und die Chimären mit den großen weichen Körpern, die totalitären und nur als solche propagierten Werbe- und Softwarehaltungen, die angeblich alles zu immaterialisieren beginnen? Wo sind sie denn? Nun, diese „Immaterialien" gründen sich (noch) auf einem materiellen Substrat, auf primär-, sekundär- und terziäraufwendigen Maschinen, Kabeln, Terminals, auf elektronischen Geräten. Kurz, eine „immaterielle Kultur" ist (noch) nicht von Materialität unabhängig. Der so verkaufte Begriff „Immaterialität" liefert das „Unberührbare", nicht taktile Imago des totalen Bildes und basiert widersprüchlicherweise auf einem mittlerweile riesigen Netzwerk von Kabeln und sonstigem planetarischen Maßstabs. Und wie Baudrillard folgerichtig beschreibt, gibt es kaum einen Energieeinsatz, der heute nicht auf Vorhaben der Zirkulation, der Verbreitung, Verteilung, Unterstützung und der Rückwirkung auf die Systeme, auf eine maximalbeschleunigte „In-sich-Angeschlossenheit" des Austausches, bildlich gesprochen: eine in sich komplexe Verstopfung, abzielt. Bildlich gesehen und alltäglich zu erleben ist: Neue Produkte sind bereits während des Produktionsverlaufs potentieller Müll, potentielle Summanden anwachsender Abfallhalden.

Dagegen stelle ich: durch die immer größer werdende visuelle Belastung durch die Screens und die dabei einseitig notwendig erhöhte Konzentrationsfähigkeit bei der Bedienung von Geräten und Apparaturen über die superelektronischen Interfaces, wächst radikal das unplanbare Bedürfnis (die natürliche Reaktion) nach visuell-haptisch-olfaktorisch, kin- und synästetischen, propriozeptiven Freiräumen.

„Get virtual", posaunen die amerikanischen Propheten von Cyberspace und virtuellen Realitäten. An der Spitze der Alt-Guru der Drogen-Bewußtseinserweiterung, Timothy Leary, Cyberspace-Protagonist Jaron Lanier und Computerexperte Marvin Minsky, für die hier endlich die Überschreitung der Evolutionsgrenzen für den Menschen möglich wird. Und wieder einmal taucht ein neuer Übermensch am Horizont auf und künstliche Welten, viel intelligenter, viel interessanter als die realen (die es im platten Sinne von „real" ohnehin längst nicht mehr gäbe), spenden Trost und Surrogat für einen ausgepowerten Planeten.

Hybride Architektur, Zeichnung, 1991

6.10.84, Sabang – Laguna

Zum Frühstück brachte der Neuseeländer Karl einige Mushrooms mit. Diese waren jedoch ohne Wirkung. Gegen Nachmittag arrangierten wir eine weitere Portion für 50 Pesos. Die zweite Portion nahmen wir etwa 17.30 Uhr als Omelett ein. Bereits nach 1 1/2 Stunden trat Verheerendes ein. Farben wechselten, Schatten, Gesichter, Höhlen, Menschen. Die lästigen Geräusche wurden Musik. Hilflosigkeit wechselte von Allwissenheit zu Ungewißheit. Zeichnungen, die entstanden, boten tausend Bilder, Tiefes und Unverständliches. Der Franzose Merve versuchte, die Taschenlampe zu essen, bevor er einige revolutionäre Geschichten in englisch erzählte. Sein Gesicht war angestrengt rosa.

Ich konnte seinen anatomischen Knochenschädel erkennen. Mir wurde es unheimlich. Ich dachte an Jealousy und vermutete meine Sandalen im Sand, wonach ich sofort grub, weil die Sandalen Jealousy bedeuteten. Plötzlich dachte der Franzose, ich wollte ihn umbringen, weil ich sein Grab grub; (...) nach einem Handgemenge wegen der Rechnungen ging ich zurück zum Cottage. Wiederum dieselben surrealistischen Eindrücke und Beschwernisse. Ich schwitzte total. Als ich mich hinsetzte, fühlte ich mich völlig aufgelöst. Ich glaubte, mein Körper verfaule. Später kamen die anderen. Wir begannen langsam aufzutauen. Die Realität, nur welche, begann zu tropfen. Das Aufschmelzen empfand ich wie eine Befreiung. Merve brauchte länger. Er war noch absent.

Fortsetzung: Tagebuch vom 22.10.91

Jedoch dem Halluzinatorischen der Cyberspacewelt korrespondiert die Stadt-Land-Insel-Meererfahrung der autopoetisch sich entwickelnden Individuen, deren kultureller Diskurs körper- und sinnenhafter Art von Kindesbeinen an den Umwelten entsprechend unterworfen werden.

Kultur wächst in ihren Unterschieden, in ihren Fließzuständen von Widersprüchen und temporären Fragmentierungen der Innen- und Außenwelten. Durch den Rahmen der kathodischen Röhre können/sollen wir nun das Künstliche anstelle des wirklich Faßbaren als neue Realität (was ist, wenn der Strom ausfällt – intelligente Sicherung?) kennenlernen und benutzen: ersatzweise, flexibel, kommutativ, unpolitisch, ohne Ideologie, freiheitlich, erotisch, intermedial. Jetzt können wir also neue Fernsehprogramme machen und mit Computern umgehen, sammeln Ersatz-, Schrott- und Recyclingteile der Kultur, zeichnen und intermedialisieren sie in einem neuen flexiblen Zusammenhang (allerdings nur innerhalb der kathodischen Röhre). Der selbstverständlich sozial-demokratisch unserem eigenen Ausdruck von stabilisierbarer Identität entspricht, entsprechen soll. Wir orten die implizite umgekehrte Futurologie in der Methodologie und Strategie des Filme-, Video- und Fernsehproduzenten und transferieren diese hypermediatisierend in das innersinnhafte Körperliche, projizieren „dieses" in und auf die Architektur und überziehen und überlagern Stadtlandschaften, Schrebergärten, Balkone, Erker, Jägerzäune, Garagen, Gehsteige und Kinderspielplätze. Als radikale Umsetzungsstrategie dienen uns die Kunsttheorie, die Neurologie, der Strukturalismus und die Linguistik. Der russische Formalismus hat bereits in seiner Literaturkritik die Technik der „Wiederbenutzung des Bestehenden" (Recycling?) oder, wie Tomashevsky aufzeigt, den Begriff der „Entfamilisierung" für ein besonderes Moment der künstlerischen Motivation bezeichnet: „Man muß von dem Normalen (Alltäglichen) sprechen, als wäre es unbekannt."

Der Psychoneurologe K.-H. Menzen spricht von einer „ohnehin ästhetischen Verschleißanfälligkeit unseres Blicks: Zunehmend bildselbstvernichtend – als letzte hermeneutische Erfordernis – und den Zeichenagglomeraten ganzer Medienkomplexe

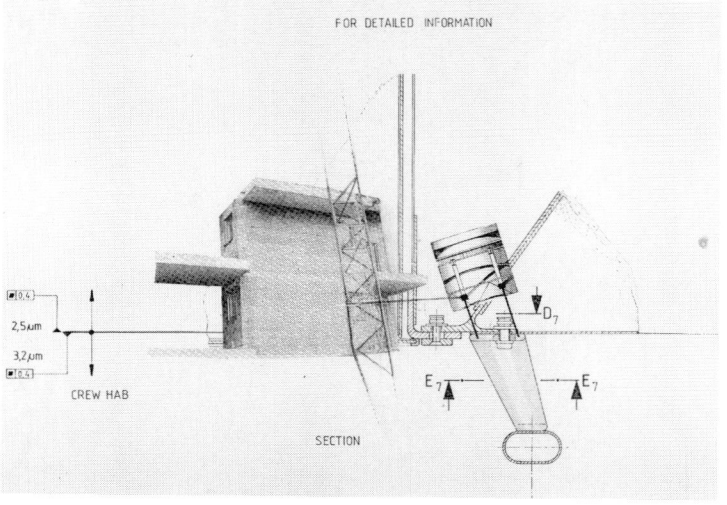

Deponiekörper nach Bedarf, Zeichnung, 1991 (links)
Schwankung, Abweichung, Erweiterung, Zeichnung, 1991 (rechts)

ausgesetzt. Die Sinne verschalten sich gemäß dem Programm- und Medienangebot; entsprechend dem Möbel-, Kleider-, Kosmetik-, Gartenzaun-, Haus- und Siedlungsoktroyat werden zeichenhafte Komplexgestalten übergangslos-programmatisch entfaltet. Etikettenhaft-nominalistisch wird ein künstliches Synkret namens ‚Mensch-Pflanze-Tier' formiert; das Synkret kann nach Markterfordernis umetikettiert werden – wo es biophysisch oder soziopsychisch zerstört ist und sich im Sinne der Eingabe nicht zu reproduzieren in der Lage sieht. Wo es unbestimmt, nicht einzuordnen ist, ist es entsprechend seiner Chromosomenanomalie agri- und kulturtherapeutisch zu recyceln oder gänzlich zu entsorgen.

Was bedeutet es, wenn die Sinne techno-graphisch reguliert, wenn sie topo-logisch eingeschworen werden auf die transzendental-schematischen innersinnhaften Marktbestimmungen?"

Auch Baudrillard warnt seit Jahren vor vermuteten oder realen Gefahren dieser Entwicklung zum „Außer-Sich-Sein", das er als „Taumel der Oberflächlichkeit" bezeichnet. Der optronische Anschluß an Linsen, Tentakel und kombinierbare Schnüffelorgane, die neuen Sinnesprothesen des Menschen, werden sich immer weiter in die Mikro- und Makrowelten hinaustasten, -hören, -sehen. Doch was geschieht mit dem primären Körperbewußtsein? Verkümmert es durch die kathodisch-virtuelle Verhinderung des „Außer-Sich-Seins", durch den fokussierten Blick in das Pixelgemisch der Stimuli, innerfraktal sich abspielender Projektionen? Der inszenierte, hypermedialisierte „Meister" von Raum, Zeit und Körper, jedweden postbiologischen Lebens übertrifft wieder einmal gepredigte Gottesvorstellungen und Allmachtsphantasien uralter Menschheitsträume. Ein Stück oder mehrere Stückchen imaginativer Phantastik simuliert Möglichkeiten entkörperlichter Existenzen, telegrafischer Kultur und philosophischer Implikationen, während die Stadtlandschaften weiterhin mit monotonen euklidischen Geometriekörpern überzogen werden, da ja die innersinnenhaften, kathodischen Bildröhre-Freiräume das Außersinnenhafte ersetzen. Mehr passiert nicht?

Doch: computer- und sensorgesteuerte „Intelligent Buildings" werden entwickelt, deren elektronische Sinne sehen, hören, riechen, schmecken und natürlich fühlen können. Der Immaterialitätentrend (der immer noch auf Materialität basiert) in der computerunterstützten Phantasie, die Entkörperlichungstendenzen einerseits, mit dem Simulacren plastischer Körperlichkeit (Holografie) andererseits, ist der Versuch, mit einer Mischung aus Wahnsinn, Drogenerfahrung, Technologie, Marktbestimmung, Magie und Mythen Bewußtseinswelten zu erschließen.

Die wirkliche Erfahrung im Sinne der unmittelbaren, räumlich-existierenden Atmosphäre, in der wir uns „leiblich" gerade befinden, wird im Cyberspace von einer halluzinierten überdeckt und wird so zur „leiblich-halluzinierten" Wirklichkeit. Auch wenn beide Formen und viele andere Varianten Erfahrungen darstellen, wird die „körperliche Identität" dem Äußeren synergetisch verhaftet bleiben, das sozial-alltägliche Angeschlossensein bedingen. Die inszenierte, auf Diskette gespeicherte, kommutative Körper-Hülle der 3- und irgendwann 4D-Raster wird voraussichtlich immer vor den Apparaturen und genmanipulierten Bio-Clustern als metamorphotischer Rest verbleiben, während der eigentliche Geist-Körper weiterhin mit seiner natürlichen Organik in und zwischen den Alltagsbedingungen Essen, Trinken, Schlafen, Kommunizieren, Stoffwechseln oszillieren wird. Die Stadterfahrung der Individuen in den zunehmend urbanen Ballungsgebilden, die nicht mehr für sich abgeschlossen sind, ist schon eine dezentrierte, heterogene, aber keine einheitliche Erfahrung.

Das in der Geschichte mehrmals prohpezeite Nirwana der Homogenität ist zum Glück nie erreicht worden, im Gegenteil: das Ergebnis des bisherigen Maschinenzeitalters ist das „Trennen" und „Isolieren", Überproduzieren und Addieren, die Umkehrung der negativen zur positiven Entropie im ökologischen Verständnis und im Sinne der Technologie und der Kommunikation: der überschüssige Raum, die überschüssige Bedeutung. Der Versuch der lückenlosen Informationserhaltung durch Computerisierung und Digitalisierung über Satelliten und Glasfaserkabel des Multi-Milliarden-Dollar-Marktes führt zu überschüssigen Datengruften gespeicherter Informationen, die reines augenblickbezogenes Expertenwissen darstellen und nur für eine Minderheit von Bedeutung sind. Dies zeigt in bezug auf

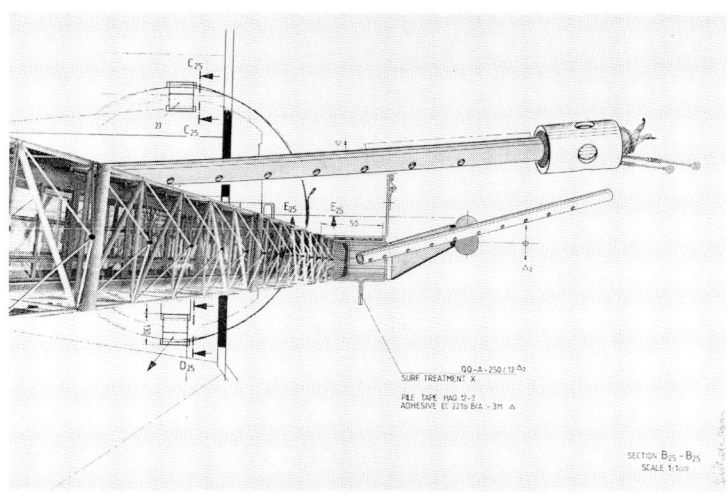

Die Überwindung des Fundaments, Zeichnung, 1991 (rechts)
Reparaturkörper, Zeichnung, 1991 (links)

Adornos und Horkheimers „Dialektik der Aufklärung", wie im Zeichen der versuchten Naturbeherrschung die apostelhaft propagierte „Vernunft" in Barbarei umschlägt, wie die wenigen über die vielen mit Hilfe von Computern und Apparaten verfügen; und es zeigt auch, wie jede lebendig-notwendige Erfahrung abgetrennt, isoliert und zentralverwaltet wird.
Natürlich werden die neuen Überwachungssysteme, die sogenannten Expertensysteme, mit Rücksicht auf die Biosphäre zum Energiesparen und -gewinnen verhelfen. Die künftige Ökologie- und Recyclinggesellschaft wird observiert, technografisch und telematisch reguliert sein.

VOM HOME STREET HOME ZUM BIOCHEMISCHEN RÜCKSCHRITT

Was geschieht nun angesichts dieser Tendenzen in der körperlichen Realität von Künstlern, Architekten, Ökologen und im besonderen im „LOW-TECH-LEBEN" für den OBDACHLOSEN? Was passiert im „Home sweet home" auf der einen und im „Home street home" auf der anderen Seite? Im Home stree home ist das Konzept der menschlichen Behausung, dessen wichtigste Merkmale Mobilität und Beschränkung auf das Wesentliche sind, öffentlich-halböffentliche Plätze, Tunnels und Stadtbrücken. Im Weltdorf des Informationszeitalters reduziert sich das Heim auf ein paar Habseligkeiten. Der überschüssige Raum wird hier spontan und sinnvoll genutzt und nicht immaterialisiert und in der warmen Stube hypermedialisiert. Im Home street home gibt es noch keine privatmythologischen Screens, außer den auf Fassaden installierten, die als Werbe-Software nachts städtische Räume illuminieren. Die öffentlichen Waschmaschinenanlagen, als Kommunikationsanlage für Alleinstehende, werden durch Brainburger-Theken erweitert, auf daß sich jeder für ein paar Groschen eine umweltverträglichere Peep-Show cyberspacen kann, das heißt alternative Welten, da er es in der körperlich-wirklichen Welt ja nicht mehr aushalten kann.
Nein! Die Stadtlandschaft als zukünftige Raumordnung wird sich zunehmend auf Müll und Recycling stützen, auf Relikte und Fragmente aus dem Eroberungs- und Beherrschungsstreben nach einer besseren Welt: abgestellte Transportmaschinen und -objekte, schlüsselfertig gebaute Massensiedlungen, die Friedhöfen nicht unähnlich sind, Raumfahrtkapseln, Gewerbe- und Industriebauten.
Das bisher Unbedeutende wird plötzlich bedeutend, das, was früher als Schrott für unbrauchbar eingestuft wurde, öffnet sich mit all seinen verwert- und erweiterbaren Vorzügen. Meine kleine Tochter Fenna mit 18 Monaten sieht diese Dinge mit ihren frechen, neugierigen, noch von jeder Manipulation verschonten Kinderaugen interessierter und intensiver an, als mancher vereinsseliger Naturfreunde-Ökologe mit gekorkter Lederhose und erhobenem Zeigefinger, dessen ausgestreckte Hand ausgrenzend nur den Heile-Welt-Materialien wie Schilf, Holz und Lehm den alleinigen ökologisch-sinnstiftenden Vorzug gibt. Als würde der evolutive Materialkreislauf nur die ursprünglichen, aber nicht die präfabrizierten und agglomerierten Materialien aufnehmen. Diese oral-anal-phallische, noch nicht zentralmanipulierte Kinderwelt der großen Versuchung, des „alles anfassen zu wollen und auszuprobieren", liegt mir näher als die etepet/ete-Modernisten, für die all das als „kaputt" gilt, was städtisch rauh, ein bißchen schmutzig, multikulturell-farbig, vergammelt und gleichzeitig hochtechnologisiert dem Einheits- und Symmetrierprinzip des Perfektionierten widersteht. Nicht die technisch-perfektionierende, sondern die chemische, die biochemische Revolution mit all ihren nachteiligen Prozessen wird die Architektur grundlegend verändern: die künstlich-natürliche Schaffung der Photosynthese beispielsweise wäre ein Vorbild des bewußten „Rückschrittes". Dieser biochemische „Rückschritt" würde nichts – so meint Vilem Flusser – revolutionieren. Jeder technische Fortschritt führte bisher zum Entsorgungs- und Ablagerungsproblem. Das fiktive Ziel der Computerindustrie ist neben der totgeschwiegenen Verbrauchsseite das perpetuum mobile, der ideal optimierte Nullverbrauch. Wenn nun die Versuche mit den „nassen Computern" glücken, d.h., anstatt auf Silikonchips die Computer auf Neuronen zu fundieren, dann wird die Computersimulation unsere rechnerischen und aufzählenden Denkfunktionen über die Möglichkeiten der metaphorischen Denk-

Chimären aus Deponiekörpern und Mediatecturen, Zeichnung, 1991 (oben)
Recyclingarchitektur, Zeichnung, 1991 (unten)

funktion in unbestimmtem Maße erweitern. Aus Hybriden werden dann Chimären der Fortschrittszivilisation. Bleibt die Frage, ob diese Chimären dann Ergebnisse einer mißbrauchten gentechnologischen Gesellschaft sind: Mutiert zu genetisch verschiedenen Zell- oder Gewebekörpern, sich immer wieder andersartig entwickelnde Bastarde.

Ich lese in der FAZ: „Weil Menschen sich als biologische neuronale Netze mit einem sehr begrenzten mentalen Fassungsvermögen und sehr kleiner Leselampe erwiesen hätten, und der Gattung jegliche Zielweisheit abhanden gekommen sei, müsse man diesem sich selbst vernichtenden Ameisenhaufen zu dessen Heil hirnanaloge Großcomputer überordnen, die das Chaos auf Terra autoritär beenden würden." (Aussage eines Biokybernetikers auf dem Essener Cultec-Kongreß).

„Wie soll aber dieses gelingen?" fragt der Neurobiologe Ernst Pöppel, nämlich „mit Hilfe eines hochkomplexen Gehirns, dessen Arbeitsweise man nach mehr als hundert Jahren intensiver Forschung gerade erst in den Anfangsgründen verstanden hat, ein noch viel komplexeres Gebilde zu bauen." (FAZ, 29.11.91).

POETISCH-SINNLICH

IC Interlaken, 17.43 Uhr, 5.12.1991, Mannheim – Freiburg

Nachdem ich 1984 nachts in Manila ein Flugzeug bestiegen hatte, nach sehr intensiven Auseinandersetzungen mit dem was ich sah während meiner Weltreise durch einige der turbulenten Millionenstädte auf der anderen Globusseite, landete ich in Frankfurt, spätnachmittags, es war noch einigermaßen hell. Die fast wie in Schweizer Städten peinlich ordentlichen Straßen und Geschäfte dieser kleinen Großstadt hatten auf mich eine leicht erstickende, anödende Wirkung, insbesondere was die einförmigen Baufluchten und Traufhöhenabstandsbauten anbetrifft. Warum? Im Gegensatz zu diesen streng gebauten Bebauungsvorschriften erschienen mir die ungeordneten, unsichtbar geordneten Bebauungen der diversen Großstädte auf der anderen Halbkugel lebendiger, menschlicher, farbenfroher,

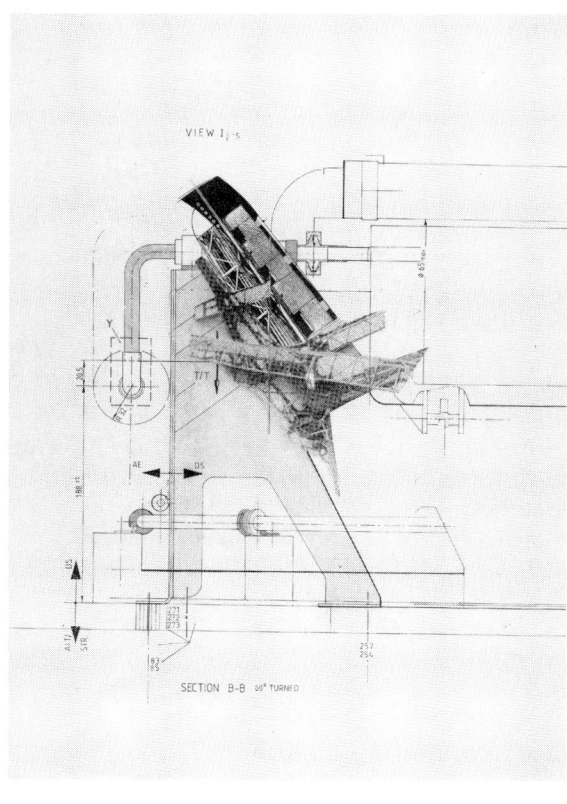

Die Entmischung, Illustration, 1991 (oben)
Chimärische Architektur, Illustration, 1991 (unten)
Chimärische Architektur, Zeichnung, 1991 (linke Seite)

geschäftiger und kommutativer wie kommunikativer. Alltag, Spontankunst, Behinderte, Kinder, Alte, Multikultur, aus der geometrisch-statischen Bevormundung gelöste poetisch-sinnliche Architekturen, Ruderalgrün, Stadttheater des Sozialen und Jahreszeitendesign konnte ich dort „substantieller" fassen und verstehen. Das gewachsene Neben- und Ineinander, die fraktale Alltagsszenerie von einerseits repräsentativen, postmodernen Glitzerpalästen und dazwischengeklemmten, einsturzgefährdeten Self-made-Hütten, die zügellose Vielfalt der Gebäudetypologie, das in westlichen Wohlstandssphären „Unbrauchbare", ist dort radikal „Brauchbares", phantasiegeladen wiederverwendet. Die unkaschierte nackte und direkte Reflexion der Überlagerung, Durchdringung und Verbindung unterschiedlicher Kulturstufen schafft kreativere Lesarten von Stadt und Kultur. Historische Rückbesinnung und traditionelle Riten vermischen sich mit neuesten „Live-Set-Technologien" heterogenster Vernetzungen und Schichtungen. Heute und zukünftig werden diese Millionenstädte von urbanistischer Software und gebauter Hardware, und wie Vilem Flusser umschreibt, von chimärisch wuchernden, telematisch, künstlich angeschlossenen „Wetware-Naturen" dominiert: Schnittstellenmedien, Kommunikations- und Werbekulissen, Screens, Volumenhologramme, Mutationen und fraktale Symbiosen, bewegliche Deponiekörper mit Recyclingfunktionen, Transmitter und Verkehrsströme, die sich nicht über finite, idealistische Körperlichkeit definieren. Die daraus zwangsläufig sich entwickelnde Spannung der Zwischenräume ist Ausdruck von Heterogenität einer multikulturellen, selbstreferentiellen Gesellschaftsarchitektur. Diese Formenwelt ist kaum zentralistisch planbar. Planbar sind nur die Infrastrukturen von energetischer und medialer Ver- und Entsorgung, sofern die künftigen Klimaverschiebungen sich nicht zu abrupt einstellen und ein schnelles Reagieren der intelligenten Klimaarchitektur verhindern. Die an sich lapidare Alltagsgeschichte dieser Formkonsequenz individueller, auf den jeweiligen Ort und Zeitpunkt sozial und klimatisch bezogener Architektur ist nicht die der aufdiktierten Symbolform, sondern es ist schlichtweg die vor Ort bedürfnisorientierte Entscheidung, vermischt mit Dimensionen, die eine andere, menschlichere und kreativere Architektur ermöglichen.

„Architektur ist Werkzeug", schreibt Flusser, „und Werkzeuge verändern unser Verhalten und damit unser Denken, Fühlen und Wollen. Werkzeuge sind Erlebnismodelle. Die Geschichte der Menschheit kann geradezu als ein Feedback-Prozeß zwischen Werkzeug und Mensch angesehen werden. Wir sind unseren Werkzeugen unterworfen, obwohl wir selbst sie entwerfen."

Das „virtual interface environment" hingegen, das Träume ins Endlose reproduziert, offene, unendliche Kombinationsvielfalt innerhalb und auf den Architekturen suggeriert, dort wird nach Paul Virilio „der Schwerstbehinderte zum Modell des leistungsfähigen kreativen Menschen".

„Der mit Infrarot-Fernbedienung" und neuronalen Ganzkörperstrumpf-Synapsen und „Cyberspace-Empfang überausgestattete Leistungsmensch findet sich in der gleichen körpergelähmten Lage wie der ausgerüstete Invalide".

„Heute", so Virilio weiter, ist Architektur „ein schwerer, bewegungsloser Körper, der auf uns zukommt. Man muß sich dessen bewußt sein, um sich ihm entgegenzustellen". Und ich meine, der Künstlerarchitekt muß subversiv, aktiv in diese Screen-Fassadenkörper eingreifen, indem er parasitäre Botschaften und Störungen in die institutionalisierten Bereiche infiltriert, und er muß gleichzeitig Vernetzungen mit dem interkulturell „anderen" aufbauen, um dadurch die drohende totalitäre Telematisierung des Big-Business zu demokratisieren. Vielleicht leben wir in Zukunft auch „in Uterussen", referierte Flusser, „in Gebäuden wie schwebende Eierschalen". Oder in pulsierenden Mikroben, wie die von einer elektromagnetischen Haut umgebenen Zentralnervensysteme, in biologisch auf Recycling fundierten Kunstarchitekturen immaterieller Simulacren, in denen man ökologische, genealogische, perzeptive und soziale Ebenen zusammendenken kann.

GRAVEL PIT ARCHITECTURE
Kieswerkarchitektur
Modelle und Projekte

Zamp Kelp

Die Steine selbst so schwer sind...

Die Wanderjahre eines Handwerksgesellen, das Wandern als Fortbewegung ist eine frühe Form der kommunikativen Wahrnehmung oder besser der Medialität vergangener Tage. Beweglichkeit als eine Vorraussetzung, um an Information heranzukommen, war die effektivste Möglichkeit, um Erfahrung zu sammeln.

Der Nomade war medial. Auf seinem Weg durch die Welt erhielt er Informationen und transportierte diese durch den Lebensraum der Menschen. Das Wandern als „des Müllers Lust" wird in jenem noch immer verbreiteten Volkslied auch den Steinen zugeschriebene die sich in den Flüssen und Strömen vom Wasser getrieben fortbewegen. Irgendwann, wenn sie die Energie des fließenden Wassers verlassen, finden sie als Schotter gerundet und geglättet in großer Zahl die Ruhe der Kiesgruben.

Die Kiesgrube als Endpunkt ehemals dynamischer Bewegung von Steinen gleicht der Ruhe des Elefantenfriedhofes, der sich als geheimnisumwitterter Ort nur den eingeweihten, vom Tode gezeichneten Tieren erschließt. Seit der Erfindung des Betons in der Antike und dessen Weiterentwicklung zum Stahlbeton durch den Gärtner Joseph Monier, den Unternehmer François Coigner sowie den Ingenieur Edmond Coigner hat die Beweglichkeit der Flußsteine einen weiteren Impuls erhalten. Kies als Gesteinsform verändert seinen Zustand einmal mehr, um als Baustoff in konstruktive Materialität, etwa Architektur, transformiert zu werden. Der Granulatcharakter des Schotters wechselt in Verbindung mit Wasser und Bindemittel zu Beton, der in nahezu jeder vom Menschen geschaffenen Form erhärten kann. Steinbrüche, Kiesgruben und Baggerseen sind also zugleich Zeugen für die Dynamik von Gestein, die über die natürlichen Bewegungs- und Erstarrungsprozesse hinaus zu architektonischen beziehungsweise urbanen Generationen führt.

Gebaute Architektur ist eine Perspektive der Steine. Steinbrüche, Kiesgruben und Baggerseen sind Schnittstellen im Verhältnis zwischen natürlichem und künstlichem Umraum. Der Wanderung von Steinen mit dem Ergebnis raumbildender Architektur als Behausung und Organisationsmittel für Gesellschaft steht heute die telekommunikative Wanderung von Information gegenüber, welche die Bedeutung von Raum in Frage stellt. Die Wanderung der Steine dauert Jahrtausende und verläuft linear von einem Ausgangspunkt zu einem Endpunkt. Die Projektion von Information erfolgt flächendeckend und erreicht über das mediale Netz allgegenwärtige Gleichzeitigkeit.

Die damit verbundene Intensivierung unserer Wahrnehmungsfähigkeit führt zu einer Beschleunigung unseres Erlebnisrhythmus, die Paul Virilio zu dem Statement bewegt: es gehe nicht mehr um die Urbanisierung von Raum, sondern um die Urbanisierung von Zeit. In diesem Statement ist die Kapitulation der körperlichen und räumlichen Welt gegenüber einer Welt aus projizierten Abbildern und Geräuschen pauschal inbegriffen. Das Ende menschlicher Existenz wird zur Frage: „Wie lange dauert es, bis wir im Rausch der Informationen unseren Körper vergessen, um an der Faszination der Bilder unterernährt zu sterben?"

Da wir zu den noch Lebenden gehören, wissen wir nicht, was geschieht, wenn unser Bewußtsein den Körper verläßt. Fest steht jedoch, daß Information produziert und transportiert wird, um unseren Wahrnehmungsapparat zu beschäftigen. Das wahrgenommene Informationsmaterial wird vom Bewußtsein verarbeitet. Bewußtsein wiederum kann nur in unseren Körpern existieren. Die Symbiose zwischen Bewußtsein und Körper ist eine Grundvoraussetzung für Kommunikation. Somit könnte das elementare Funktionsmodell des Menschen übertragen werden auf das Verständnis eines Gesellschaftsraumes, der sein Gleichgewicht aus der Symbiose von haptischer Räumlichkeit und medialem Transport bezieht.

In dieser Symbiose zwischen Raum und Medialität, die in der Gesellschaft integriert ist, hat Medialität an Einfluß gewonnen. Indem Medialität die Zeit verdichtet, somit schnellebiger macht, verändert sie den Stellenwert von Architektur und den des kulturlandschaftlichen Raumes.

Die Menschen werden immer „interessanter" und „aufregender" leben, wenn sie es schaffen, ihre Körperlichkeit in den permanenten Fluß der Informationen zu integrieren. Denn so wie unsere Sinnes- und Wahrnehmungsorgane den Körper brauchen, braucht unser Körper die Architektur, den konditionierten Raum.

Demnach gibt es in der aktuellen Kulturlandschaft unserer Tage mindestens zwei grundsätzliche Bewußtseinsebenen. Eine übergeordnete Ebene für die Projektion und den Transport von Information und die Ebene strukturierender Räumlichkeit im Umfeld körperlicher Individualität und Gemeinsamkeit.

Bei der Suche nach zusätzlichen Bezugspunkten zwischen medialer Projektion, Architektur und Gesellschaft bietet sich neben der integrierenden Kraft unseres Bewußtseins Oberflächlichkeit als gemeinsames Element an. Mediale Projektion ist ein Phänomen der Oberflächen, ebenso wie Oberfläche ein Teilaspekt der Architektur und auch des menschlichen Körpers ist.

Eine wesentliche Aufgabe der Architektur scheint es somit zu sein, Oberfläche zu errichten, um für den Strom medialer Projektion Hintergründe im Kulturraum zu schaffen. Die aktuelle Dramaturgie unserer Kulturlandschaft muß also auf das dynamische Verhalten von Medialität, Architektur und Gesellschaft zueinander bauen.

Aber zurück zu den Steinen. Die Fertigteilelemente, aus denen sich die Berliner Mauer zusammensetzte, werden neuerdings zu homogenem Granulat zermahlen, um sodann neuen architektonischen Zuständen zugeführt zu werden. Es ist dies nicht nur ein Gleichnis dafür, daß die Steine und somit Architektur – bezogen auf Gesellschaft – in Bewegung geraten sind.

Feedback-Prozeß
Verwerten statt vergraben

Die Fragmente und Relikte der Geschichte des Homo technicus, die Stadt, die Siedlung, die Industrien von heute sind der Rohstoff der Städte, die Siedlungen und Industrien von morgen. Die Relikte und Riten der starren Strukturen gewollter Ganzheitlichkeiten werden aufgebrochen, um als Baustoffe offener, demokratischer Umgehensweisen der Zukunft benutzt werden zu können. Aus den Baustoffen, Materialien, Trag- und Verbindungsstrukturen verschiedenster Geschichtsebenen entstehen Hybride im Feedbackprozeß zwischen den sich verändernden Werkzeugen und deren Benutzern. Die Mentalität unserer Wegwerfgesellschaft, alles vom Konsumverhalten Abweichende verdrängen und behübschen zu müssen, erzeugt eine gleichmachende Ausgrenzungs- und Verdrängungsästhetik, der das Verwerten entgegengesetzt werden muß.

Massenflüsse in Gebäuden während der Lebensdauer

Trotz der mittlerweile vielfältigen Möglichkeiten des Recyclings ergibt sich bis dato noch kein unendlicher Kreislauf. Früher oder später müssen die Produkte entsorgt werden, sofern sie nicht in den Stoffkreislauf der Natur zurückgeführt werden können.
Derzeit gibt es zwei grundsätzliche Behinderungen in der Recyclinganwendung im Rahmen des Bauwesens:
1. Veraltete Bebauungsvorschriften und DIN-Normen stehen dem ökologisch-künstlerischen und dem logistisch-systematischen Recycling entgegen.
2. Die – wenn auch nur begrenzten – Möglichkeiten, bei baulichen Maßnahmen Recyclingmaterialien einzusetzen, sind nicht ausreichend bekannt oder werden nicht genutzt.

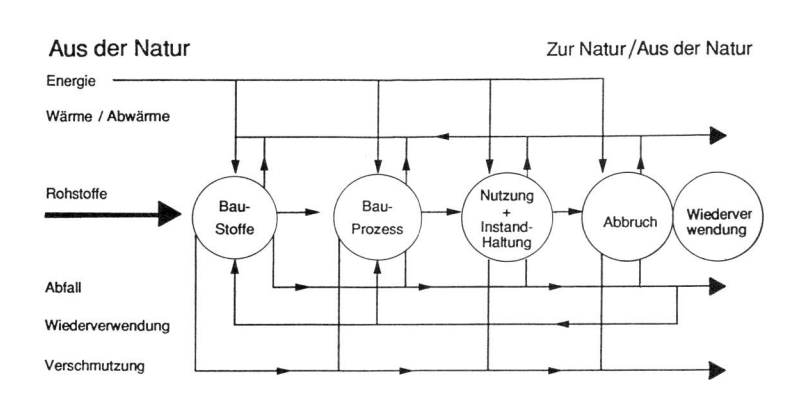

Gehirnstrommessung, Collage 1991
Das Interesse an hybriden und chimärischen Arbeitsmetaphern zielt auf die weißen Flecken auf der Landkarte, also darauf, Felder und Orte sich überschneiden zu lassen.

Kieswerk-Hybriden

Nach erfolgter Betriebsstillegung einer Kieswerkanlage werden schrittweise Um-, Aus- und Erweiterungsbaumaßnahmen von Teilen der Gesamtanlage vorangetrieben. Die sonst demontierte und mit hohem Energieaufwand wegtransportierte Bausubstanz wird „ideenrecycelt" und den von ihrer Charakteristika angezogenen Existenzen (Pflanzen, Tiere, Menschen) übergeben.

Sukzessiv bewegte und statisch starre Formen, Konstruktionen, kieswerktypische Durchdringungsebenen und -strukturen werden konsequent aus der vorhandenen und veränderbaren Baukörpersituation und Topografie, zu Land und zu Wasser, weiterentwickelt.

Eingesetzte Solarenergieanlagen, Solarlamellen, Windgeneratoren, Wasserstoffaufbereitungsanlagen und gebäudebezogene Energiezentralen in den aufgestelzten Hochsilobatterien „nabeln" diese Gewerbe-, Wohn- und Forschungsarchitektur emissionsfrei von jedem Kraftwerk ab.

Die Lebensweise wird durch die weitgehende Einbindung in die Brachflächen der „zweiten und dritten Natur" und durch die konsequente Eigenständigkeit in der Wasser- und Energieversorgung geprägt.

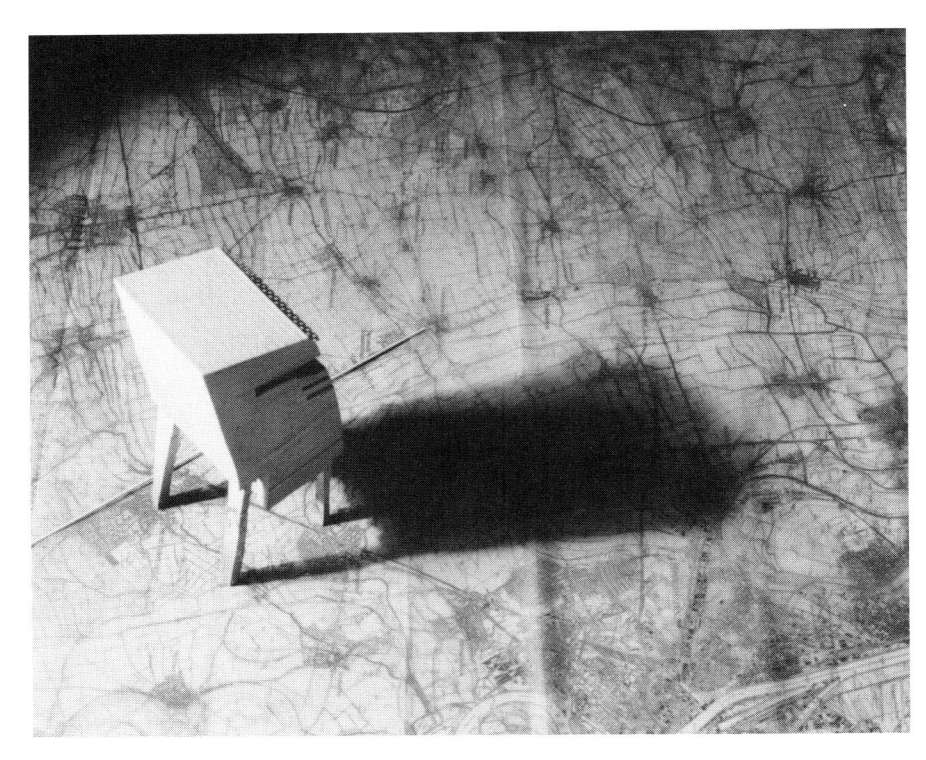

Umnutzungspotentiale

Erschließungsbrücke einer zum Wohnen und
Arbeiten umfunktionierten Hochsilobatterie
Gesamtansicht einer umgenutzten Kieswerk-
anlage, Modell (unten)

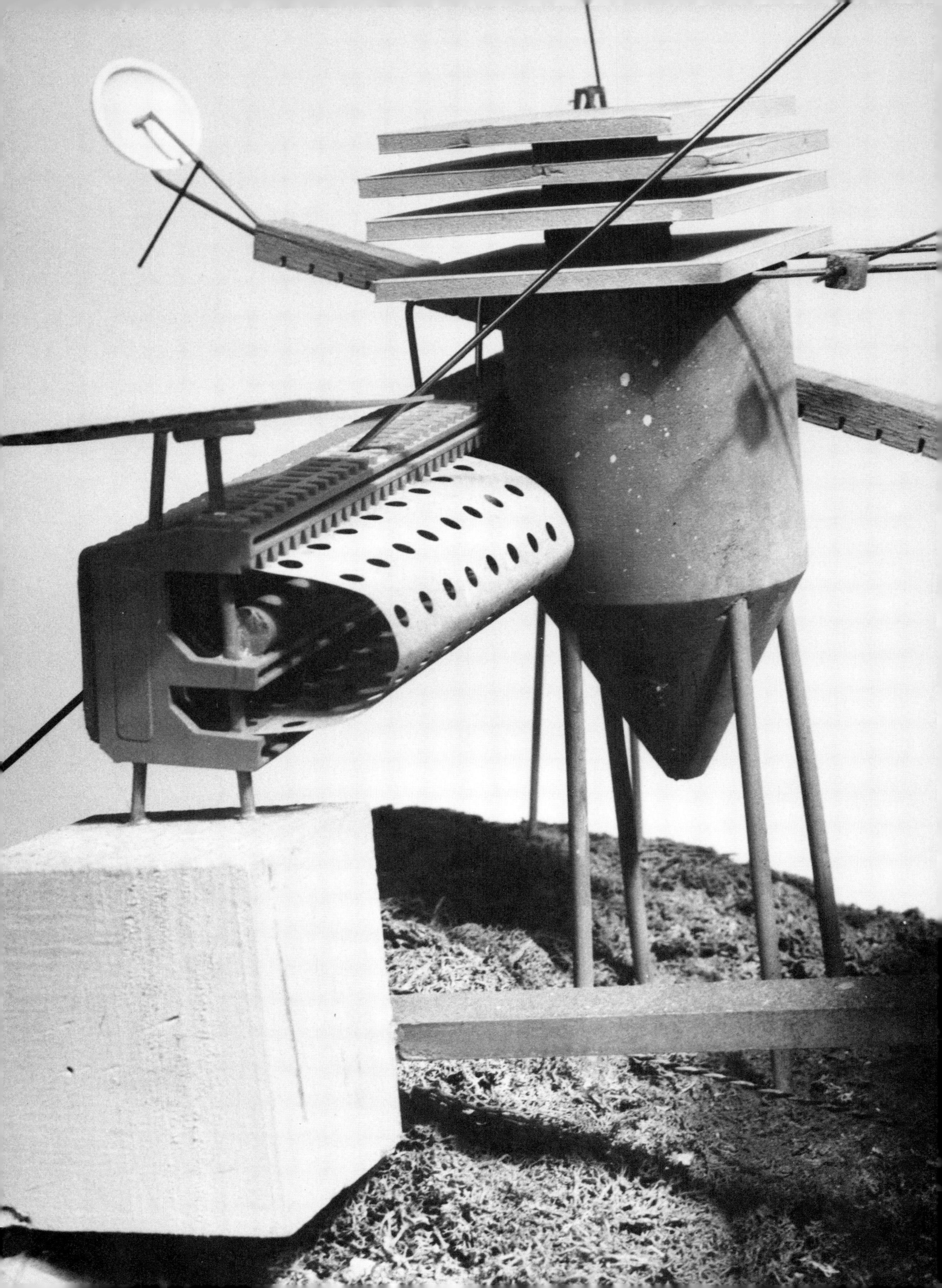

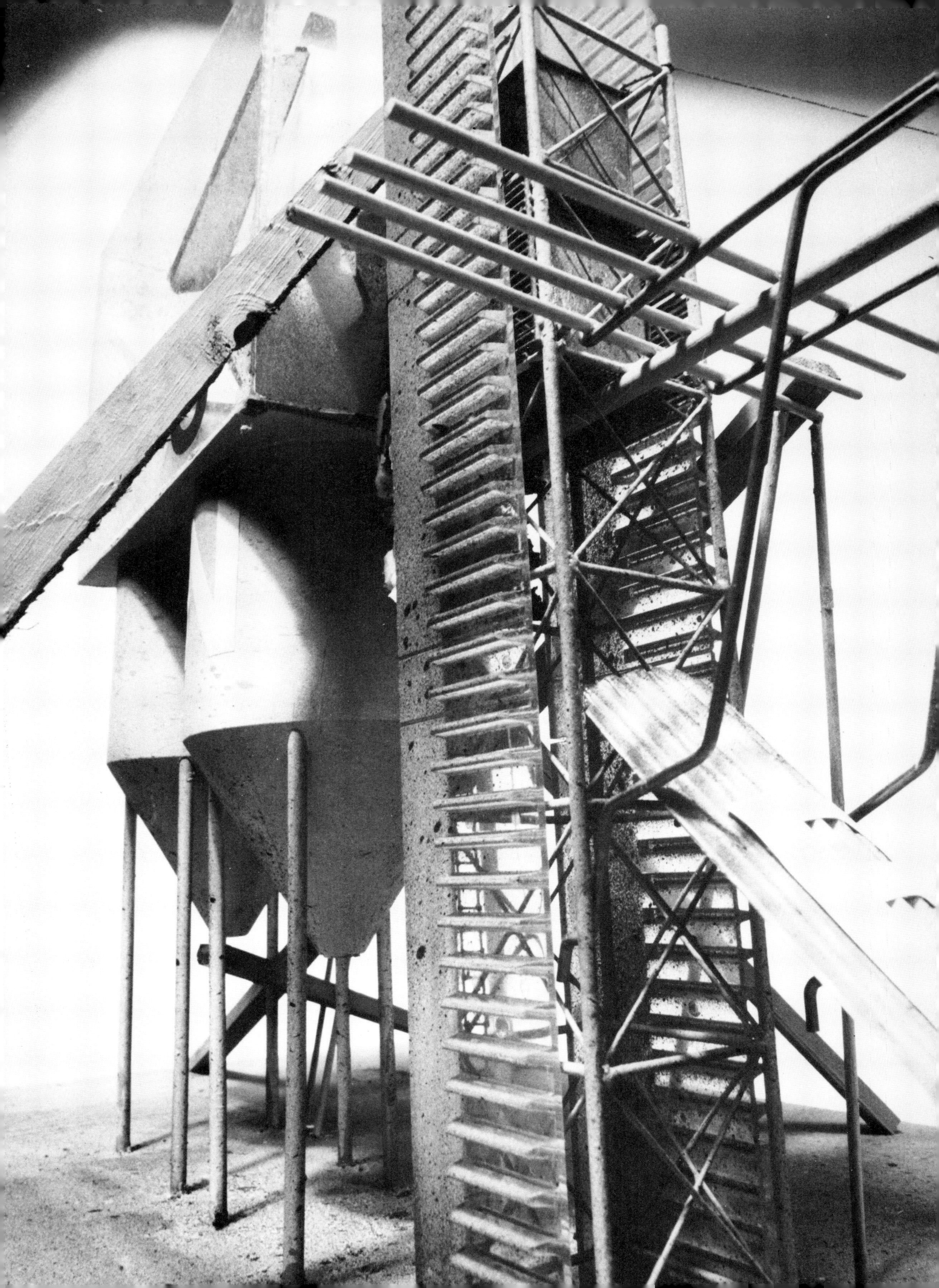

Auf eine vorhandene flexible Förderanlage wird eine fünf Stockwerke umfassende „Gewerbebox" in Leichtbauweise gestellt. Die unteren Ebenen der alten Substanz dienen der Ver- und Entsorgung und als Lager- und Pufferraum, Modell, 1991 (links oben)
Mediales Treibhaus am Baggersee; mit täglich frischen Bits und Pixel, die Screens der Videowände am Siloturm vermitteln zwischen innen und außen, Modell, 1990 (rechts oben)
Umgebauter, der Sonne nachführbarer, schwimmender Tiefgreifer als Seegaststätte, Modell, 1991 (unten)

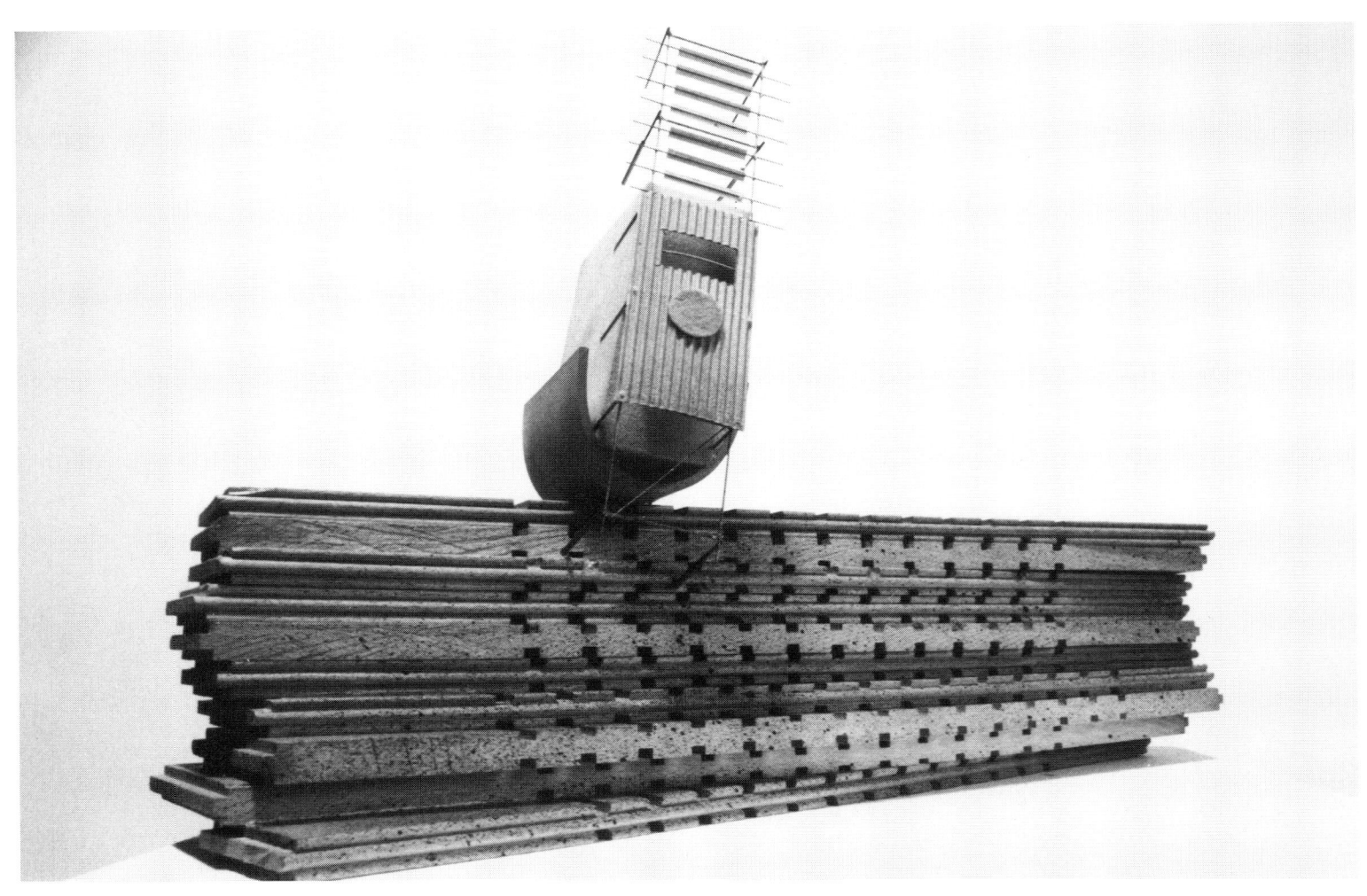

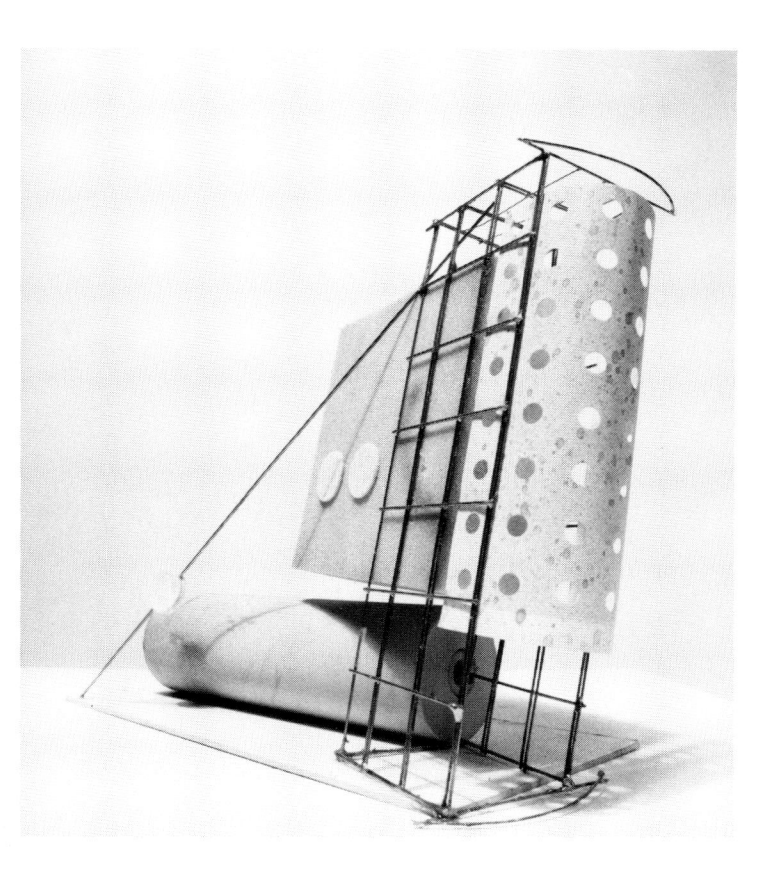

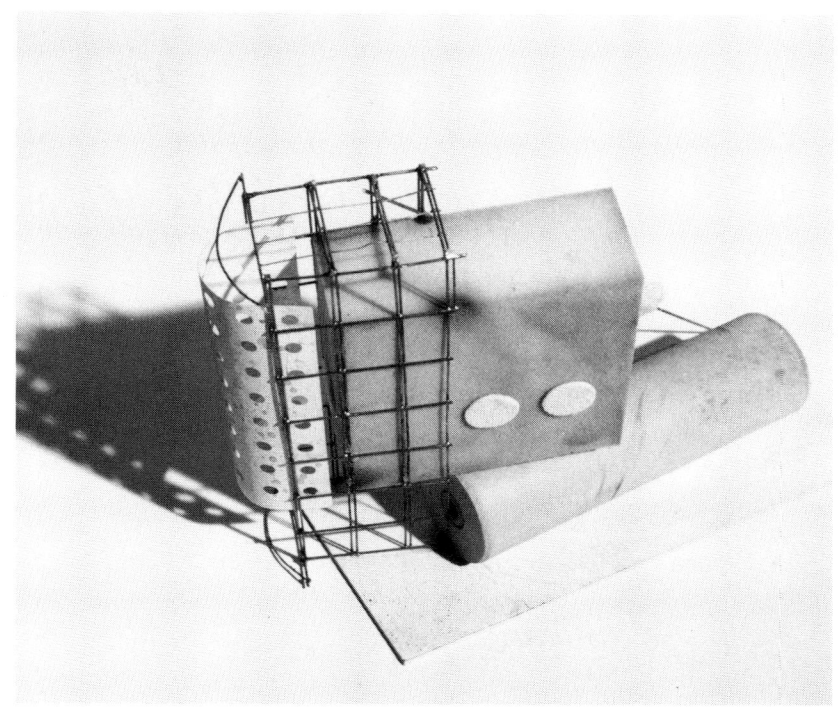

Wohnsilo, sechs Stockwerke, Modell, 1991 (oben)
Speise- und Getränkeausgabe, Modell, 1990 (unten)

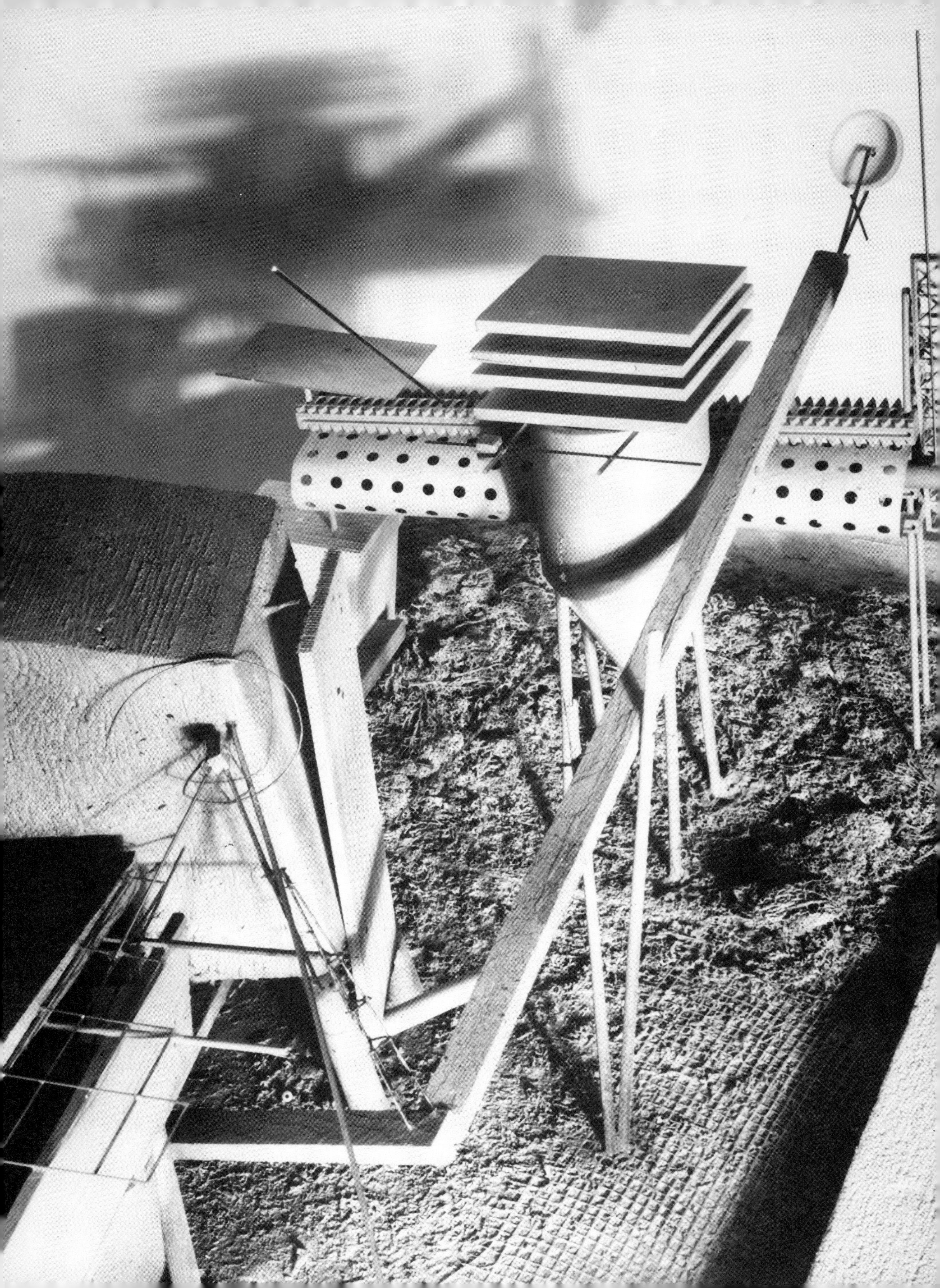

Kieswerk-Skulptur

Realisiert innerhalb des Projektstipendiums „Sablière", Juni 1990 in Frankreich

ARCHITEKTUR-SKULPTUR
zum Arbeiten und Wohnen in Breisach

Konzept, Form, Energie

An anderer Stelle für unbrauchbar eingestufte Materialien, Elemente, Trag- oder Verbindungsstrukturen finden hier ihre neue Bestimmung und Wiederverwendung. Das mit Bauschutt modellierte, sich später selbst überlassene Gelände, fügt den durch seine zeitbewegte Formgebung landschaftsbezogenen Skulpturtrakt organisch in die Umgebung ein. Diese insektenhafte Bewegung ergibt sich aus der Überlagerung unterschiedlicher Raumkomplexe und ihrer Stützung, die der Erdschwere optisch entgegenwirken.

Der so entstehende kinetische Eindruck wird von innen nach außen durch acht Durchdringungsebenen und -körper sowie deren weithin sichtbare Solarmodule im Südbereich und dem angelenkten Raumfachwerk im Westen prozeßhaft verstärkt.

Die größtenteils solarverglaste Längsfront als thermisch vorgelagerte Pufferzone orientiert und öffnet sich im Südbereich zur Sonne, ermöglicht ganzjährig passive und aktive Sonnenenergienutzung. Vor dieser werden die Solargeneratoren und Kollektoren integrierend angeordnet und dienen gleichzeitig in ihrer ästhetischen und funktionalen Rolle als Überdachung und Windfang in den Eingangsbereichen zur Medien- und Wohnhalle. Neben der sinnlich erfahrbaren, schwebenden Geometrie der Solarmodule wirkt das von den Jahreszeiten abhängige, prozeßhafte Entstehen und Vergehen der jeweiligen Pflanzenbiotope im Inneren und im thermisch getrennten Äußeren der begrünten Gebäude-Skulptur.

Sonnenkollektor- und Solargeneratorsysteme, Bad, WC, Küche, Ver- und Entsorgungsräume und die Regenwassersammelanlage bilden von oben nach unten über sechzehn versetzte Ebenen einen technisch-künstlerischen Zusammenhang.

Vertikal-diagonales Erschließungselement aller Ebenen und Körper ist die Eingangs- und Treppenhalle, die ihrerseits über eine geschwungene Stahlrampenbrücke mit dem solarverglasten Gewächshaus (Wohnhallenbereich) im Südwesten und über eine behindertengerechte Rampe der im Gelände vertieften Medienhalle verbunden ist.

Daten zum Gebäude:
2127 Kubikmeter umbauter Raum. Wohn-, Arbeits- und Nutzfläche: 613 qm.
Ausführende Firmen: Statik: **Harry Rheinberger,** Freiburg, und **Ingenieurbüro Egloff,** Freiburg. CAD und Graphik: **Thomas Knittel, Harry Rheinberger** und **Thomas Spiegelhalter.** Energiesysteme und technische Gebäudeausrüstung: **Büro Krebser und Freyler,** Teningen. Rohbau und Stahlbauarbeiten: **Gebr. Pontiggia GmbH & Co. KG,** Hoch-, Tief- und Straßenbau, Elzach, und **Kieswerk Uhl,** Breisach.

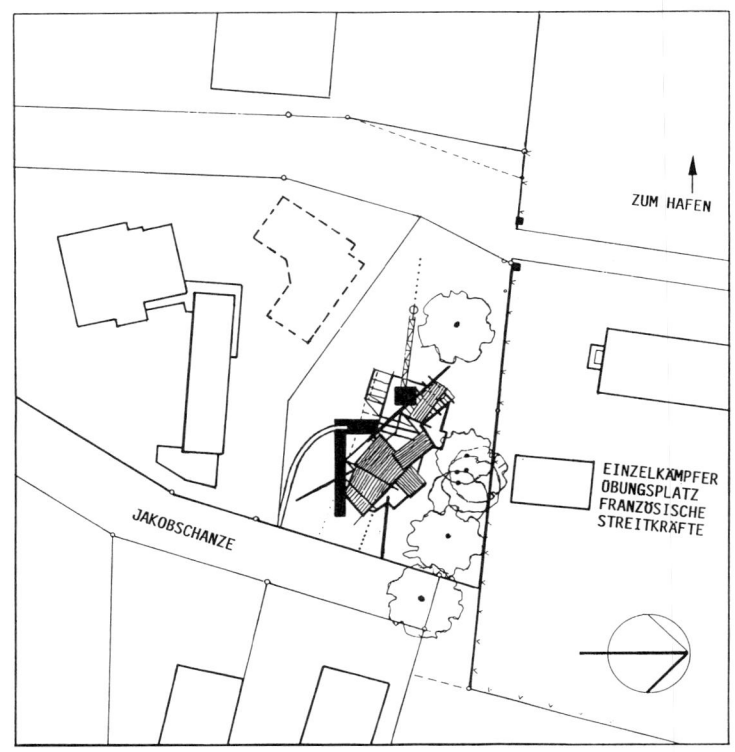

49

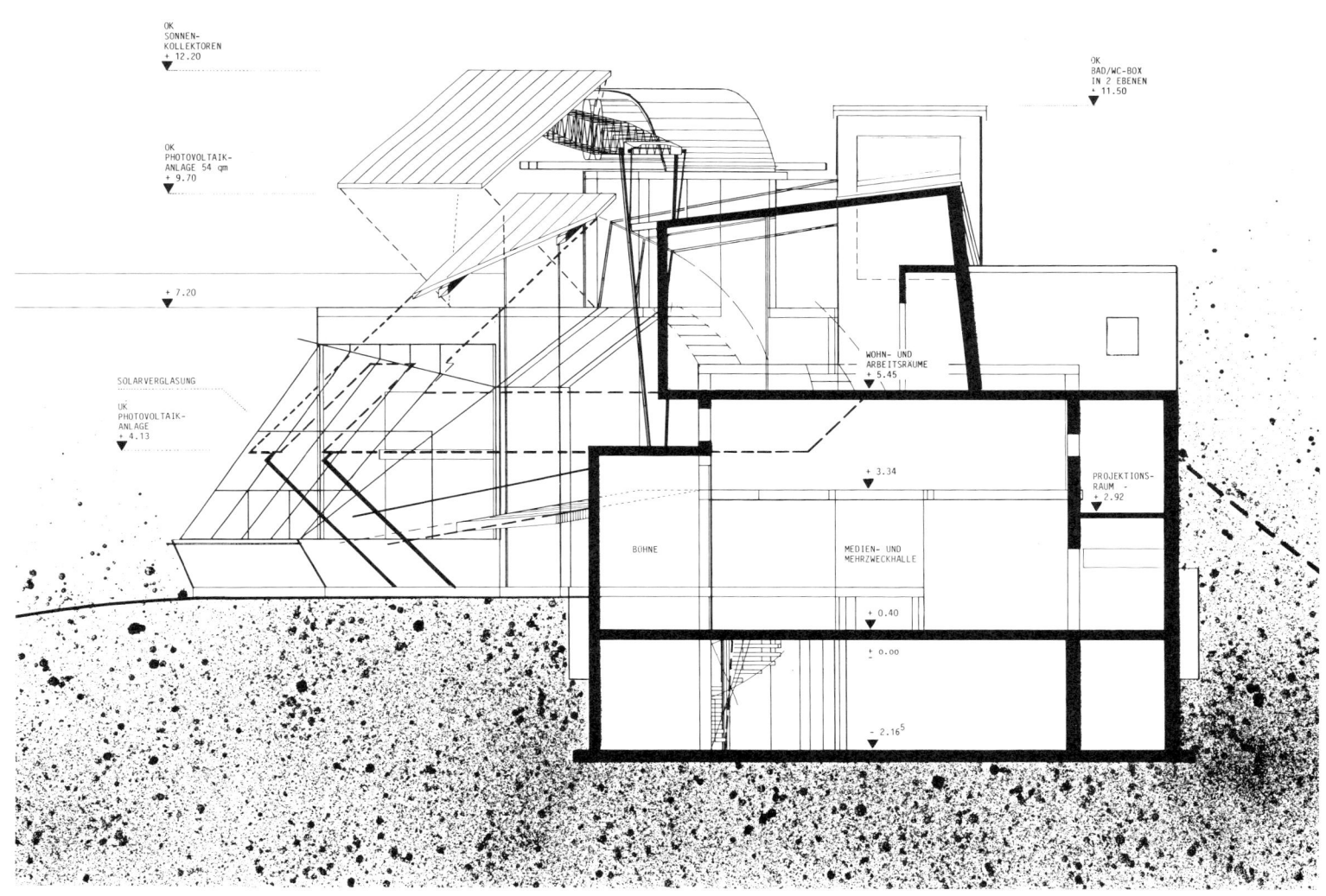

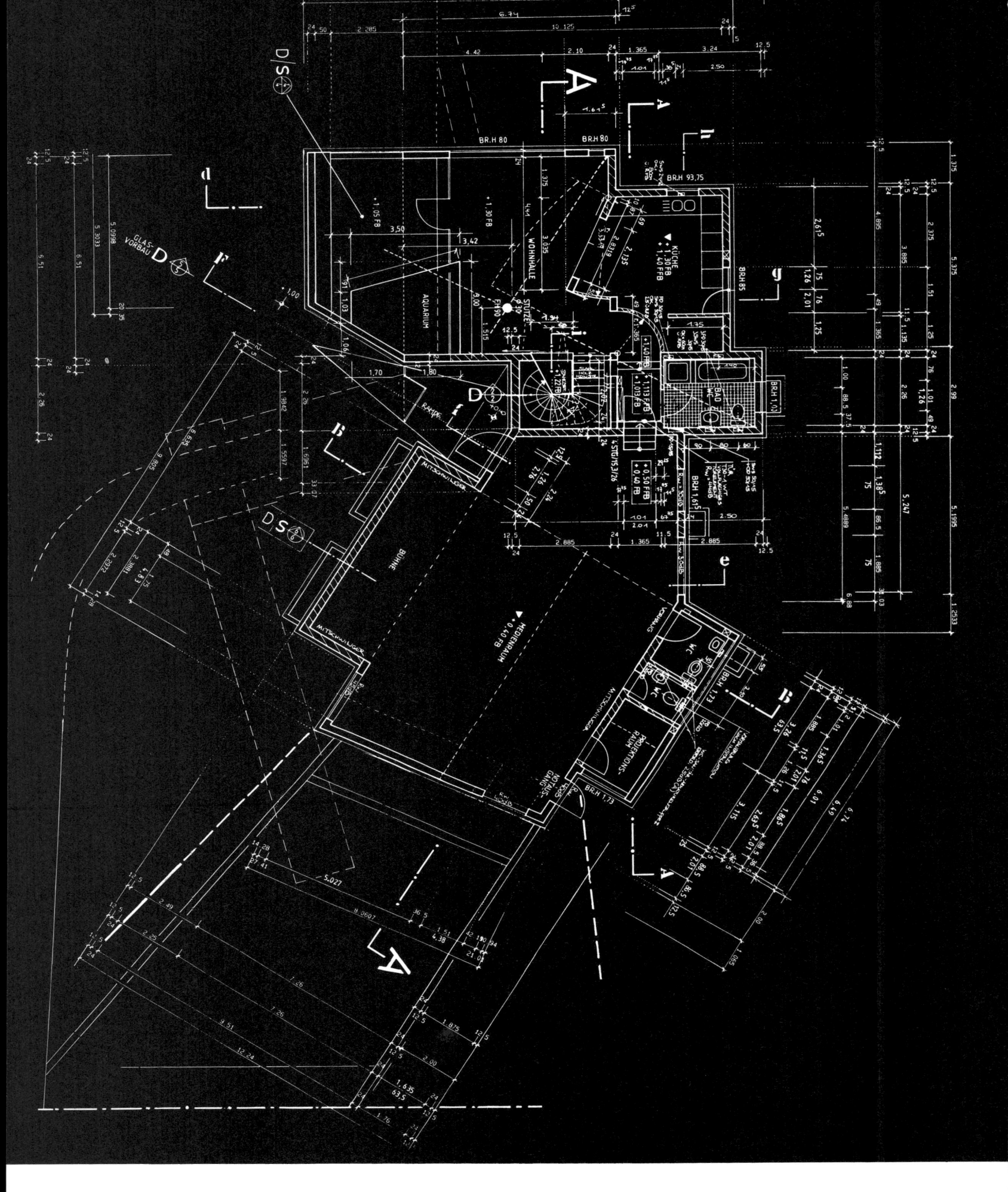

Erdgeschoß, Grundriß

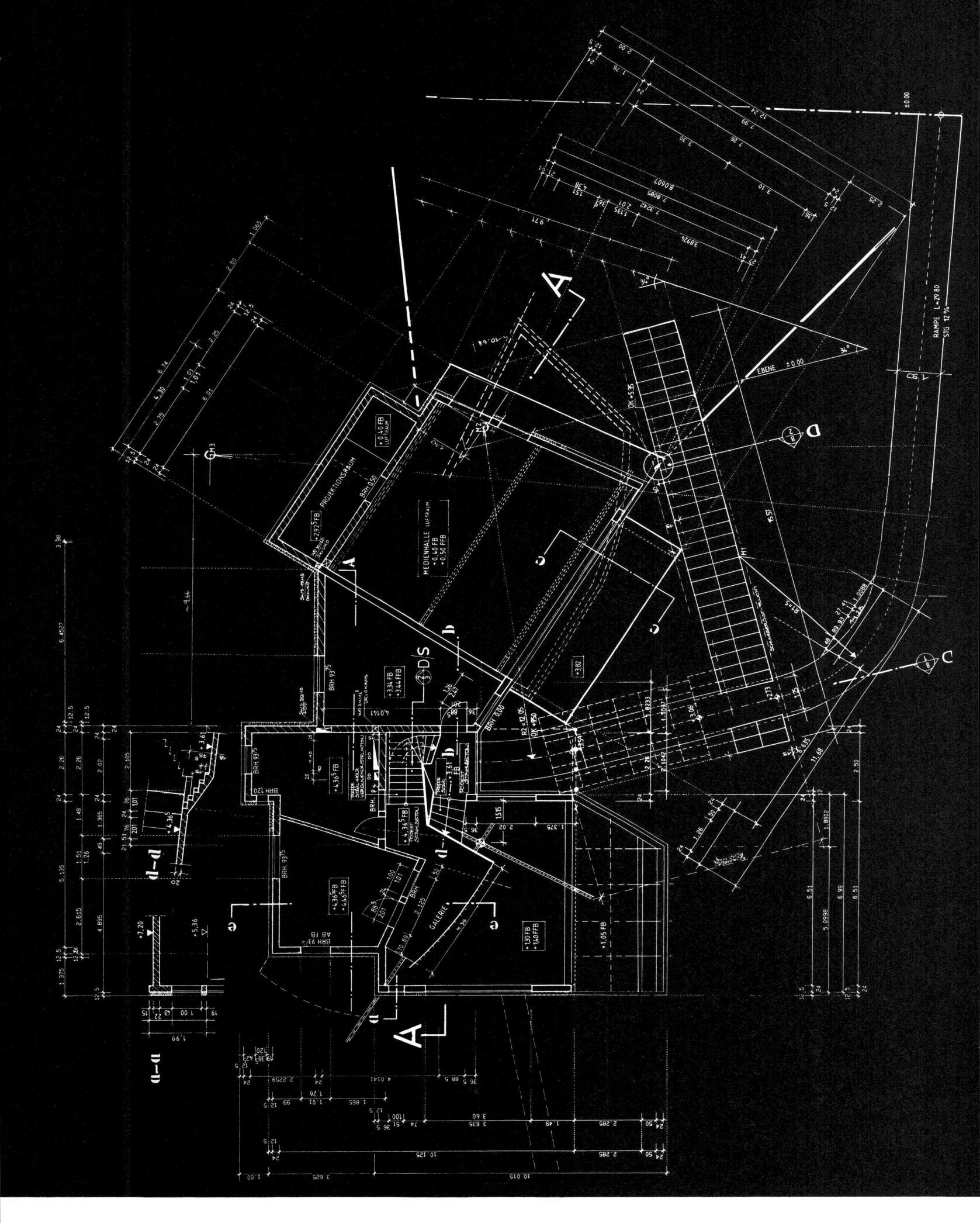

Zwischengeschoß, Grundriß

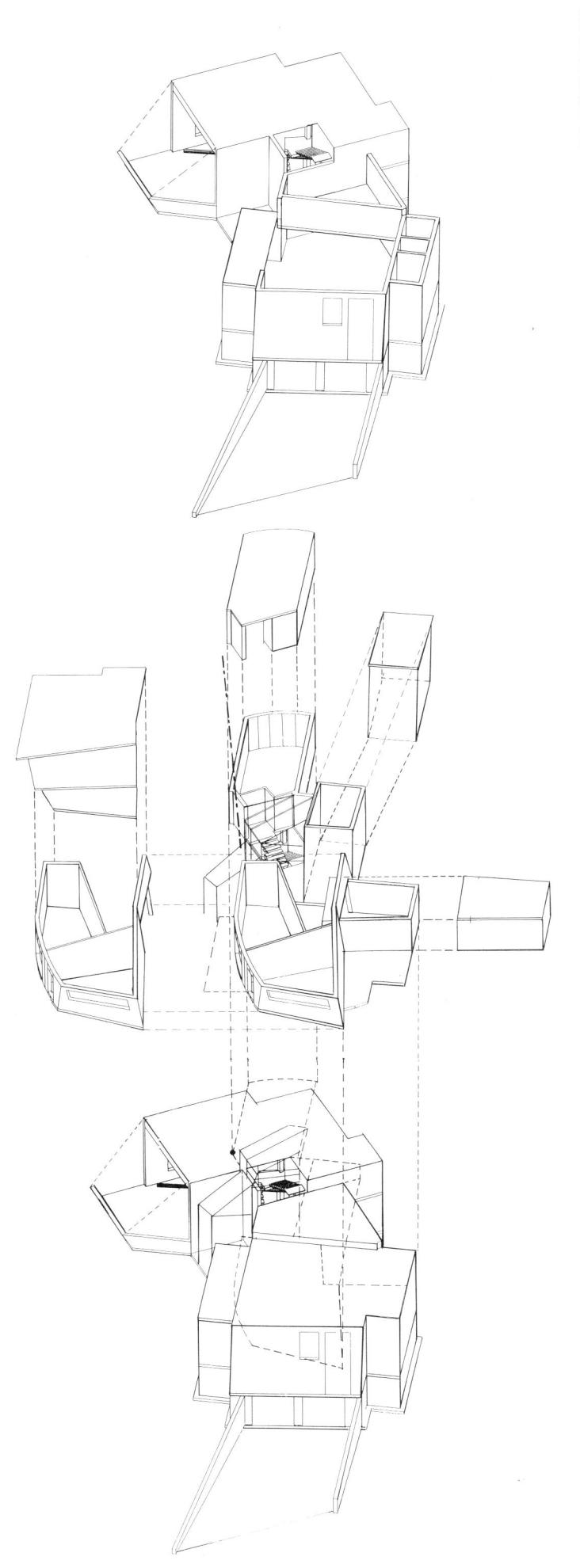

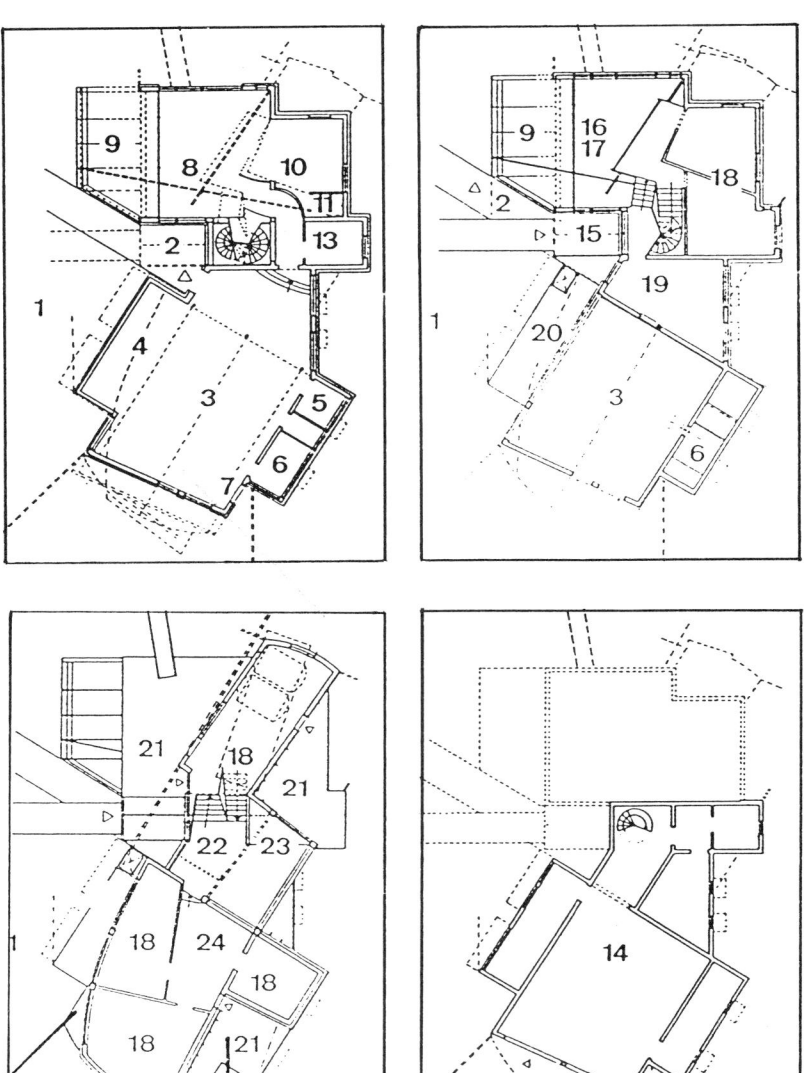

Erdgeschoß (6 Ebenen): **1.** Teich mit Spontanflora und -fauna. **2.** Rampe und Vorraum unter der Wohneingangsbrücke zu der im Gelände vertieften Medien- und Mehrzweckhalle, **3.** Medien- und Mehrzweckhalle, **4.** Bühne, **5.** Hallentoilette, **6.** Projektions- und Geräteraum, **7.** Notausgang, **8.** Große Wohnhalle/Allraum, **9.** Solargewächshaus mit hängenden Gärten und Aquarien, **10.** Küche, Essen, offener Kamin, verbunden zur Wohnhalle, **11.** Speisekammer, **12.** Verbindungsgang, Flur, **13.** Bad, WC.
Untergeschoß (1 Ebene): **14.** Tiefgarage, Fahrräder, Solarmobile, Werk- und Bastelräume, Wasch- und Trockenräume, haustechnische Zentrale.
Zwischengeschoß (5 Ebenen): **15.** Rampenbrücke und solarverglaster Haupteingang zum Treppen- und Wohnbereich, **16.** Luftraum/Wohnhalle, **17.** Galerie, **18.** Wohnen, Arbeiten, **19.** Raum für besondere Verwendung, **20.** Photovoltaikanlage.
Dachgeschoß (3 Ebenen): **21.** Sonnendeck, Pflanzenterrassen, Fassaden-, Wand- und Dachbegrünung, **22.** Solarverglaste Treppen- und Spielräume mit zahlreichen Aus- und Durchblicken, **23.** Tropenbad, Technische Installationen, WC, **24.** Verbindungsraum, Flur, Spielflächen, **25.** Raumfachwerkträger, Laufsteg mit Treppenplastik zum Freiraum.

Räume, Körper und Ebenen
Entwicklungsfiguren

Primärsystem
Ausführung in massiver, hochwärmegedämmter Niedrigenergiebauweise, Geschoßdecken mit Betonfertigteildecken. Konstruktive Elemente, Additionen, Subtraktionen, Verbindungen u. Durchdringungen werden in ihren Entstehungszuständen ablesbar belassen. Maurer- und Stahlbetonarbeiten, sägerauhe, ungehobelte Holzarbeiten werden nicht materialaufwendig in Textur und Struktur veredelt, sondern substantiell erhalten, teilweise wie ein Aquarell lasiert, Spuren und Prozesse dokumentierend.

Sekundärsystem
Leichtbauelemente wiederverwendeter Kieswerkkonstruktionen, Energiegewinnungsmodule und Regenwasseranlage sind in ihrem Durchdringungs- und Anschlußbereich (von innen nach außen) thermisch vom Baukörper getrennt und gleichzeitig mit ihm in seiner kinetischen Struktur verbunden.

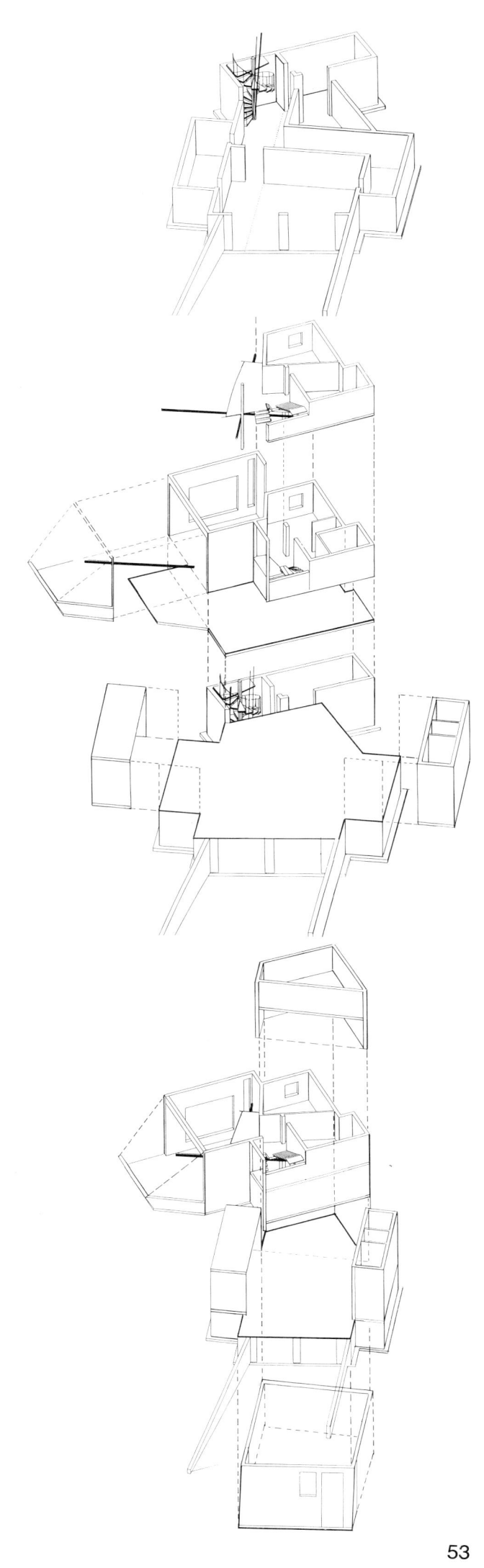

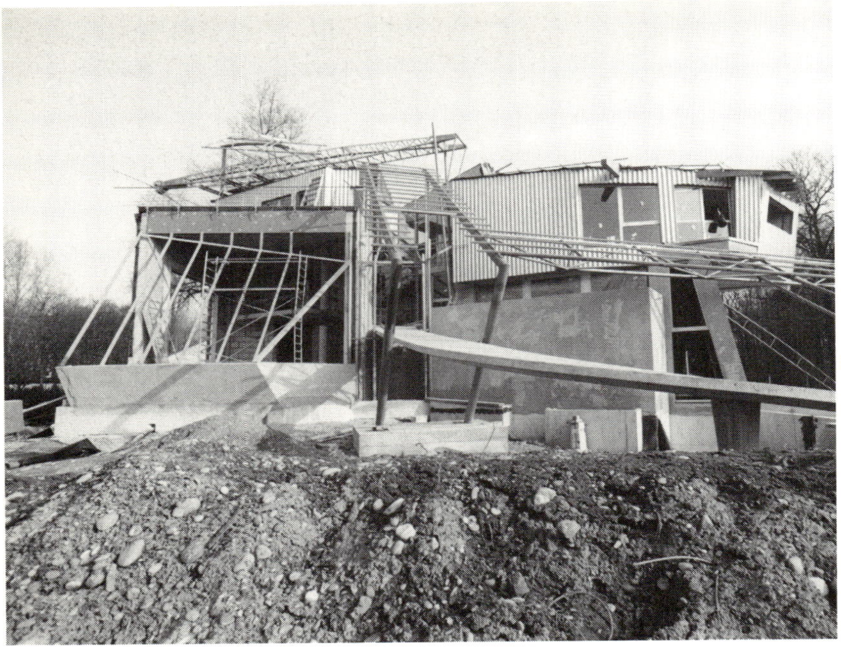
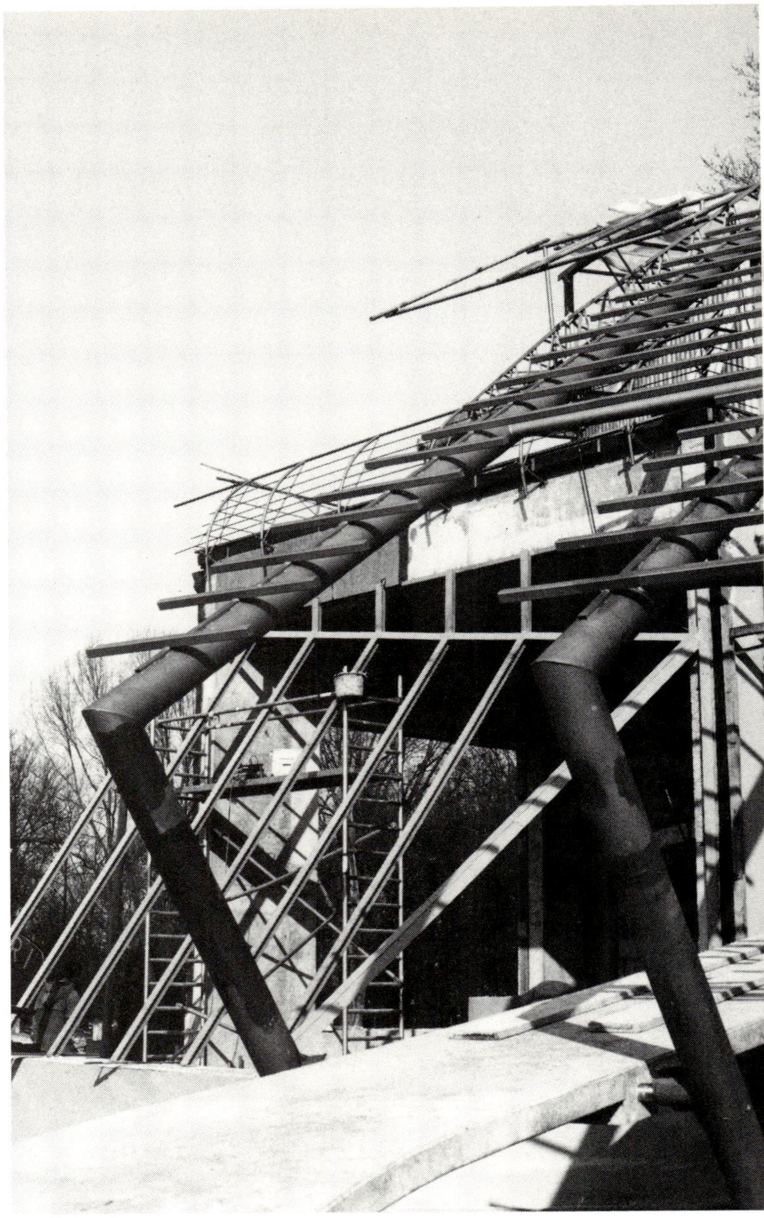
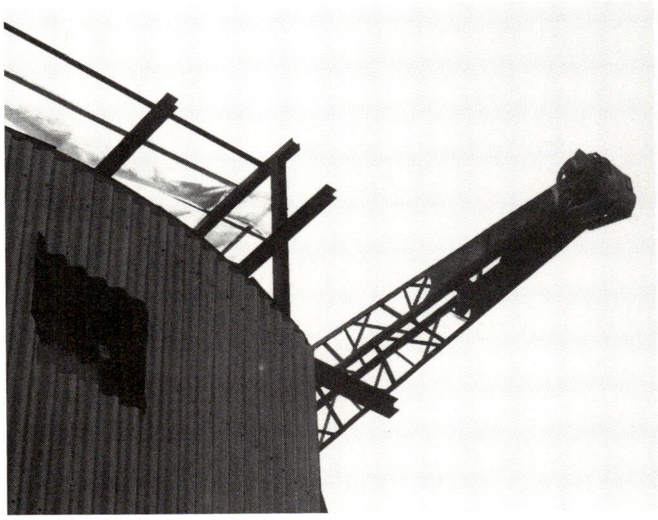
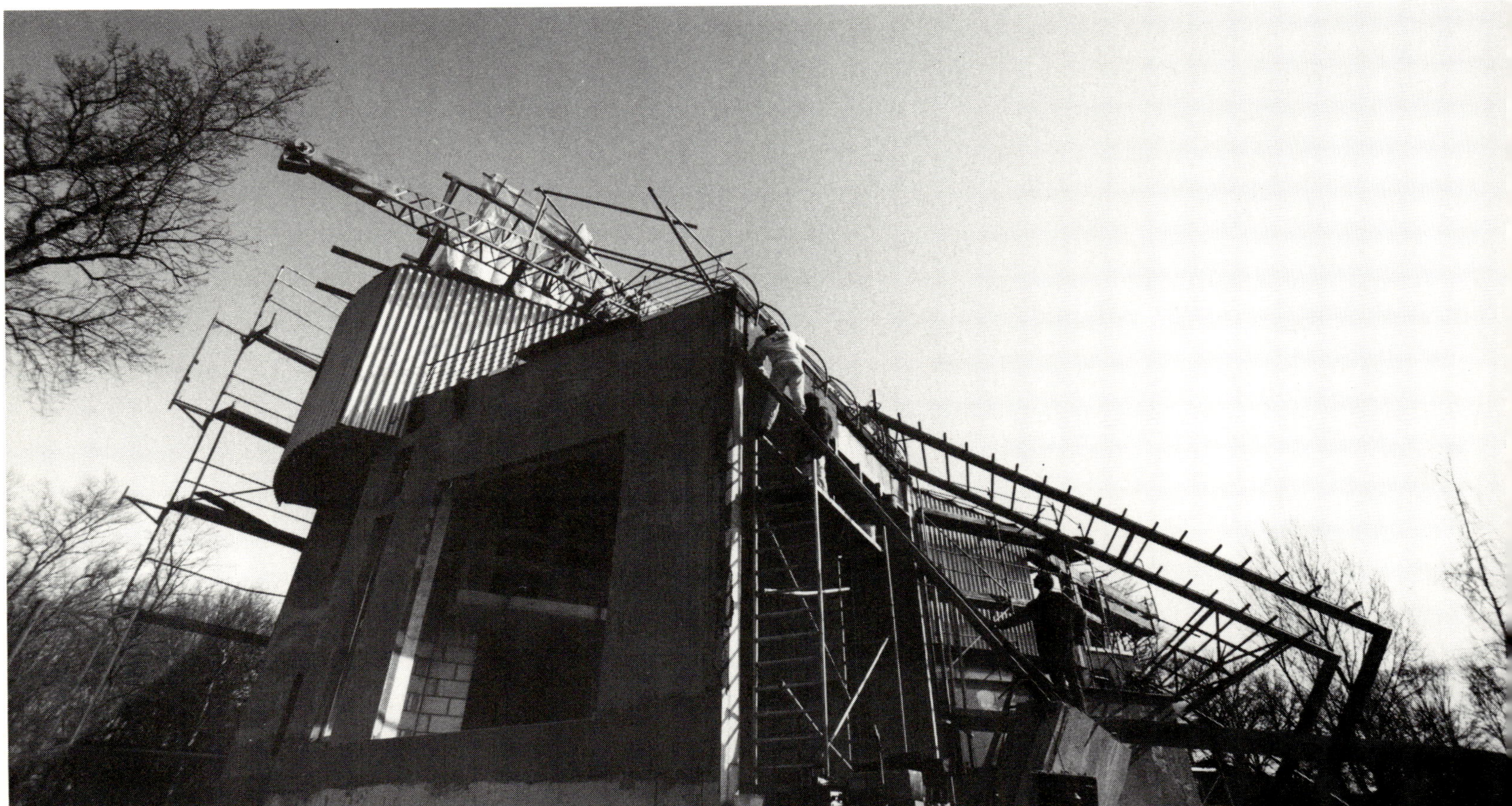

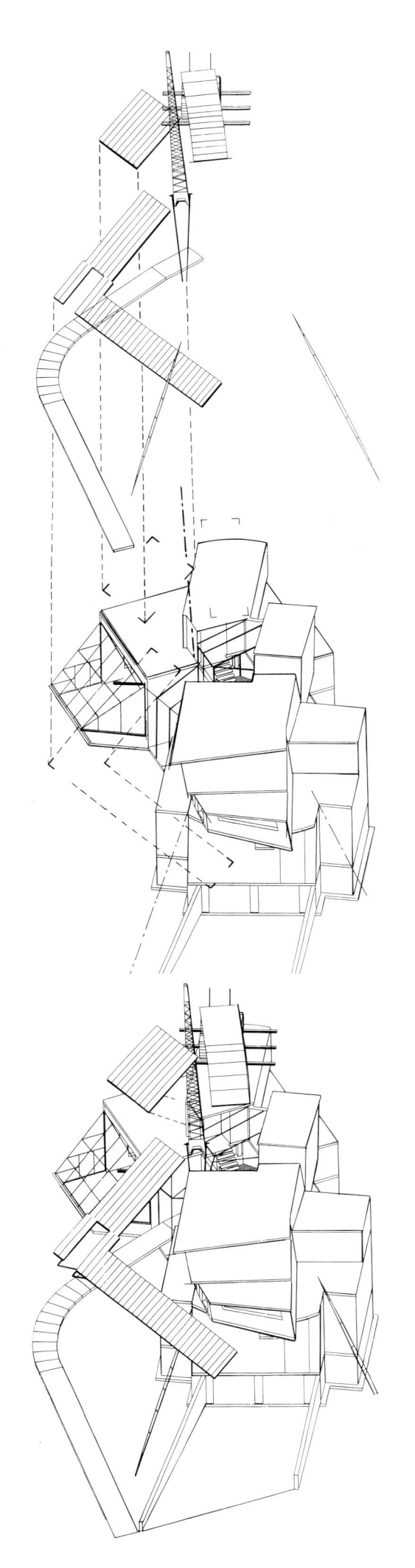

Architektur-Skulptur
Baustelle: Zum Stand der Dinge

Photovoltaikanlage

Material: Fachwerkträger, L- und Fischbauchträger aus Stahl; Module aus multikristallinem Silizium.
Solargenerator: Nennleistung 5,4 KWP, 108 Module, 54 qm, Wirkungsgrad 12,5%.
Drei Wechselrichter: Nennleistung 1500 W, der Wirkungsgrad ist größer als 90%, oberhalb 0,25 PN.

Die Photovoltaikanlage wird als Meß- und Demonstrationsanlage im Rahmen des Bund-Länder-Programms mit 70% der Kosten öffentlich gefördert. Eine spätere Erweiterung zur Nutzung der Anlage innerhalb der Wasserstofftechnologie ist möglich.

Solare Warmwasseranlage

1. Vakuum-Röhrenkollektoren 12 qm; durchschnittliche Tageswärmemenge: 12×2,5 kWh = 30 kWh;
   Maximale Tageswärmemenge: 12×3,4 kWh = 40 kWh.
2. Plattenwärmetauscher zur Systemabtrennung: Wasser-Glykol/Heizungswasser.
3. Hydraulisch entkoppelter Heizungsverteiler.
4. Pufferspeicheranlage (3×800 l); Speicherung: 10× Tageswarmwasserbedarf für 4-Personen-Haushalt und Heizenergiebedarf von 2 Tagen.
5. Warmwasserbereiter, 800 l Inhalt, Vorrat: 18× Tagesbedarf für 1 Person; 5a-Kaltwasserleitung, 5b-Warmwasserleitung, 5c-Zirkulationsleitung.
6. Brennwerttherme 24 kW zur Nachheizung bei längeren Sonnenscheinausfällen.
7. Heizkörper der Medien- und Mehrzweckhalle, max. Vorlauftemperatur 60 °C.
8. Heizkörper in der Gebäudeskulptur, max. Vorlauftemperatur 60 °C.

Die solare Heizungs- und Warmwasseranlage wird mit einem außen- und innentemperaturabhängigen Steuerungssystem, durch Nah- und Fernbedienung programmierbar, betrieben.

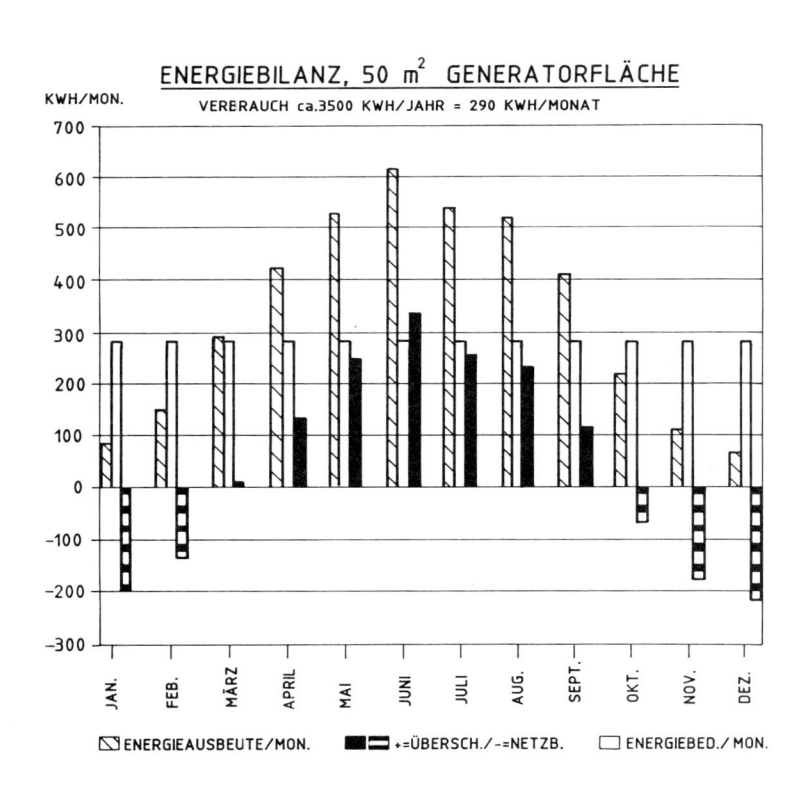

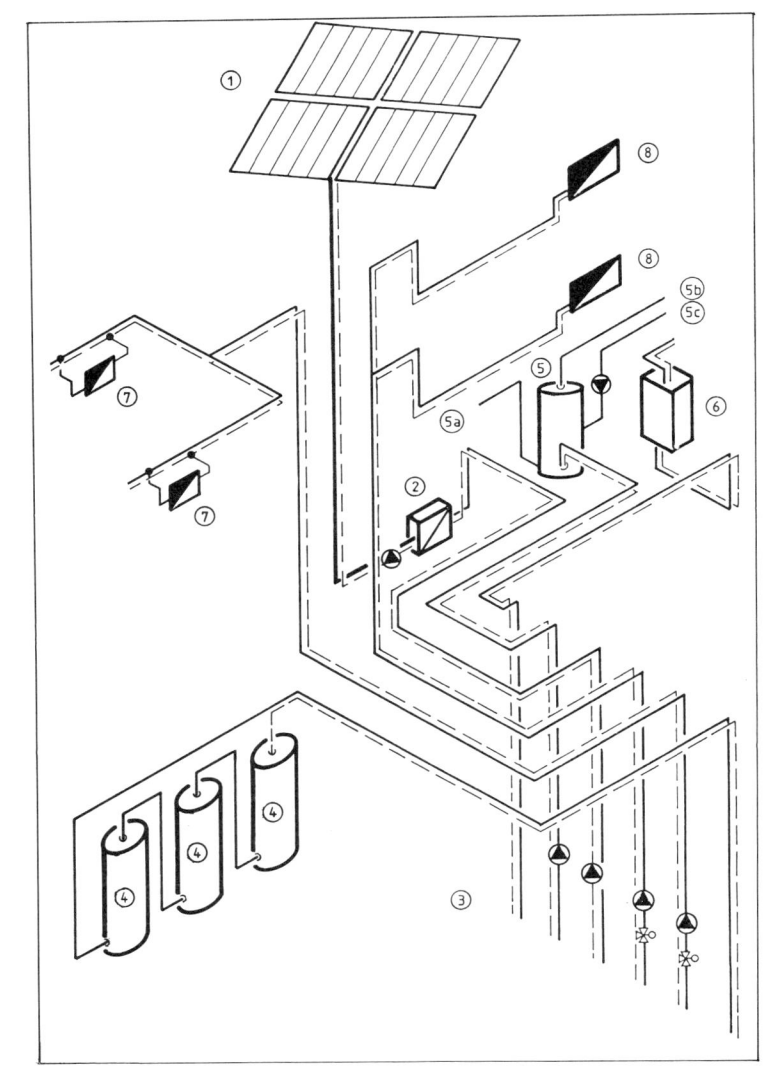

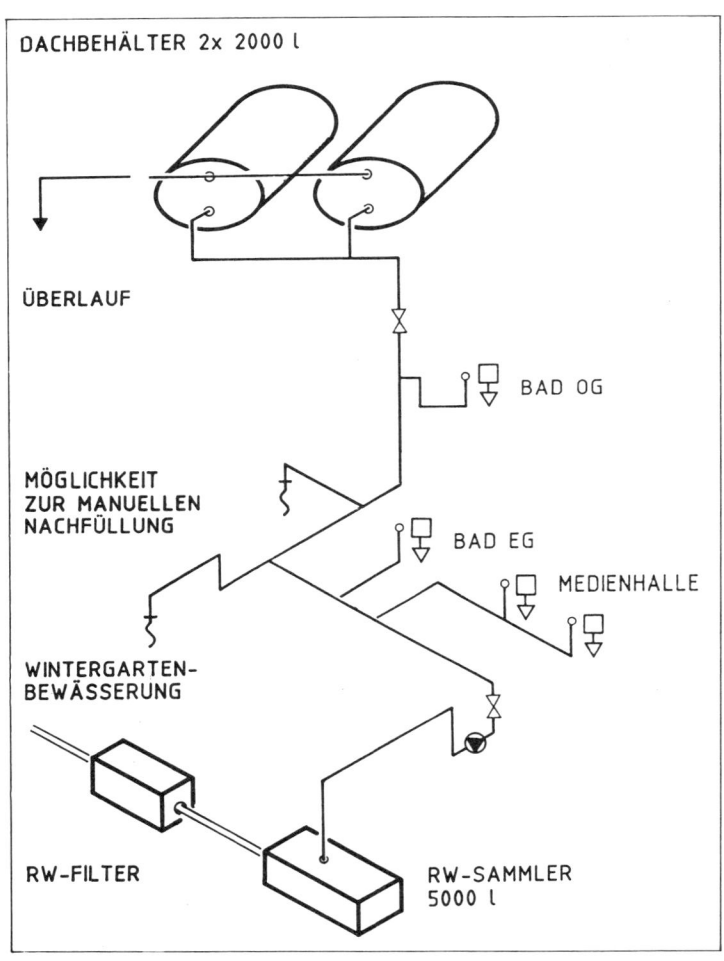

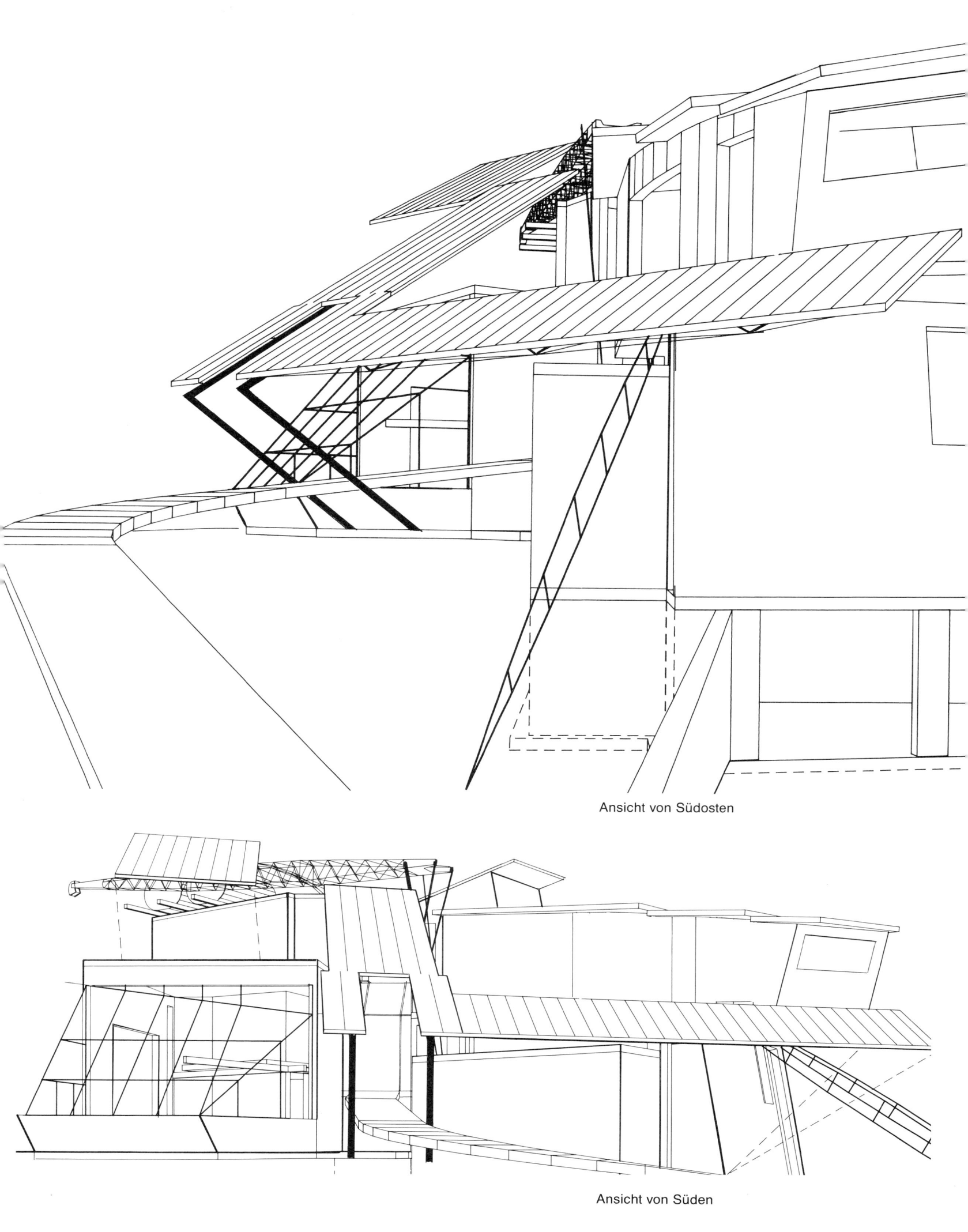

Ansicht von Südosten

Ansicht von Süden

57

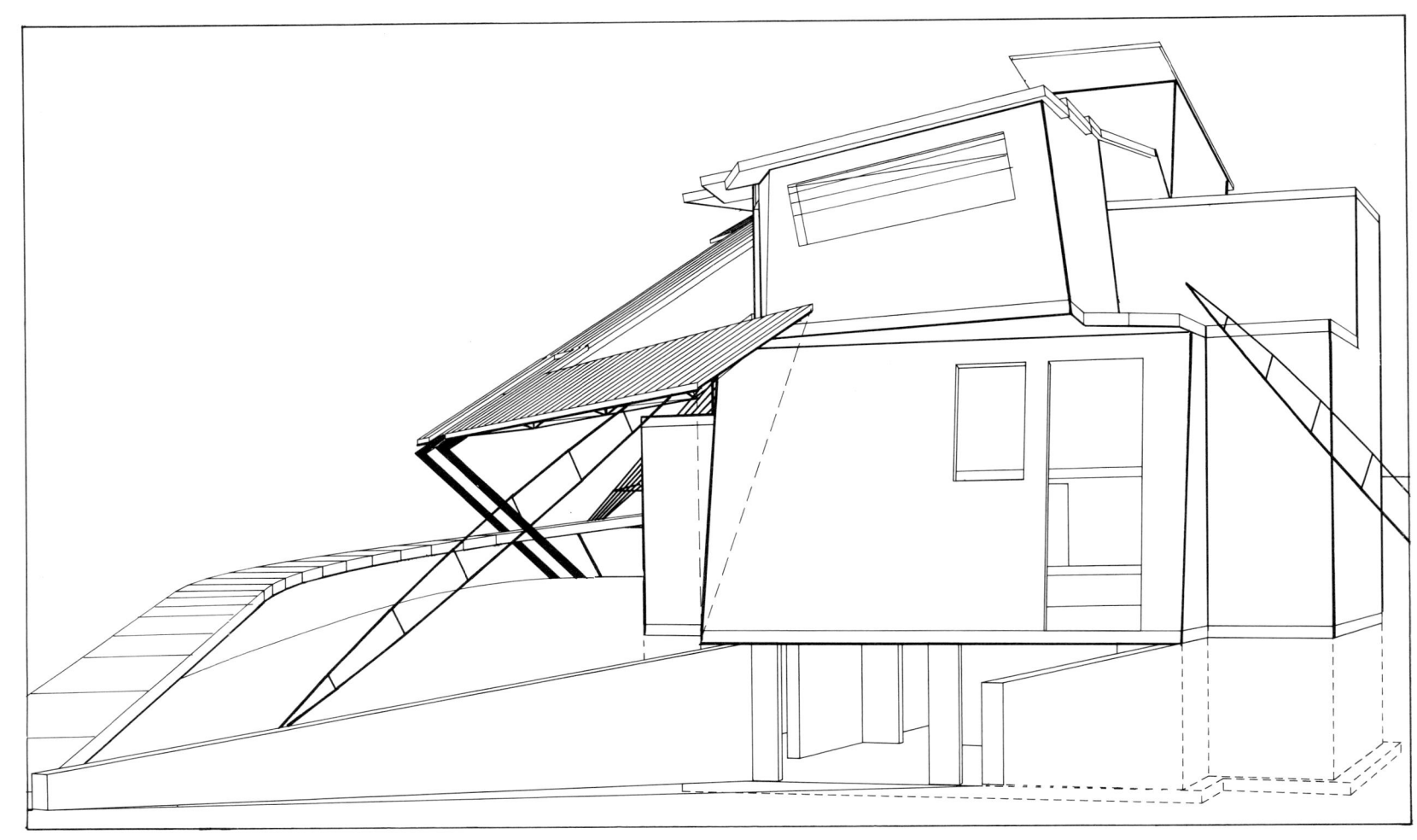

Ansicht von Osten

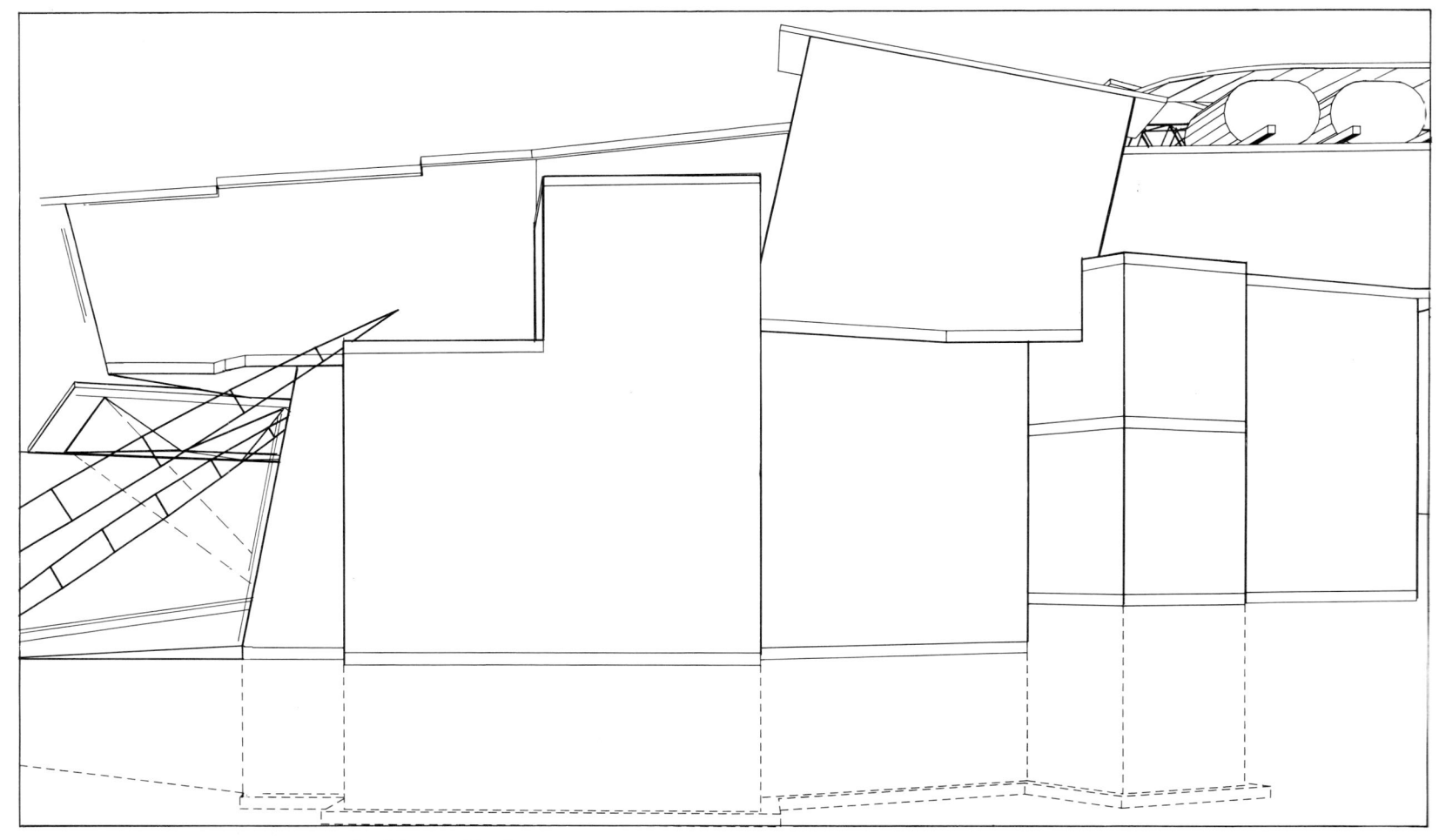

Ansicht von Nordosten

Ansicht von Nordwesten

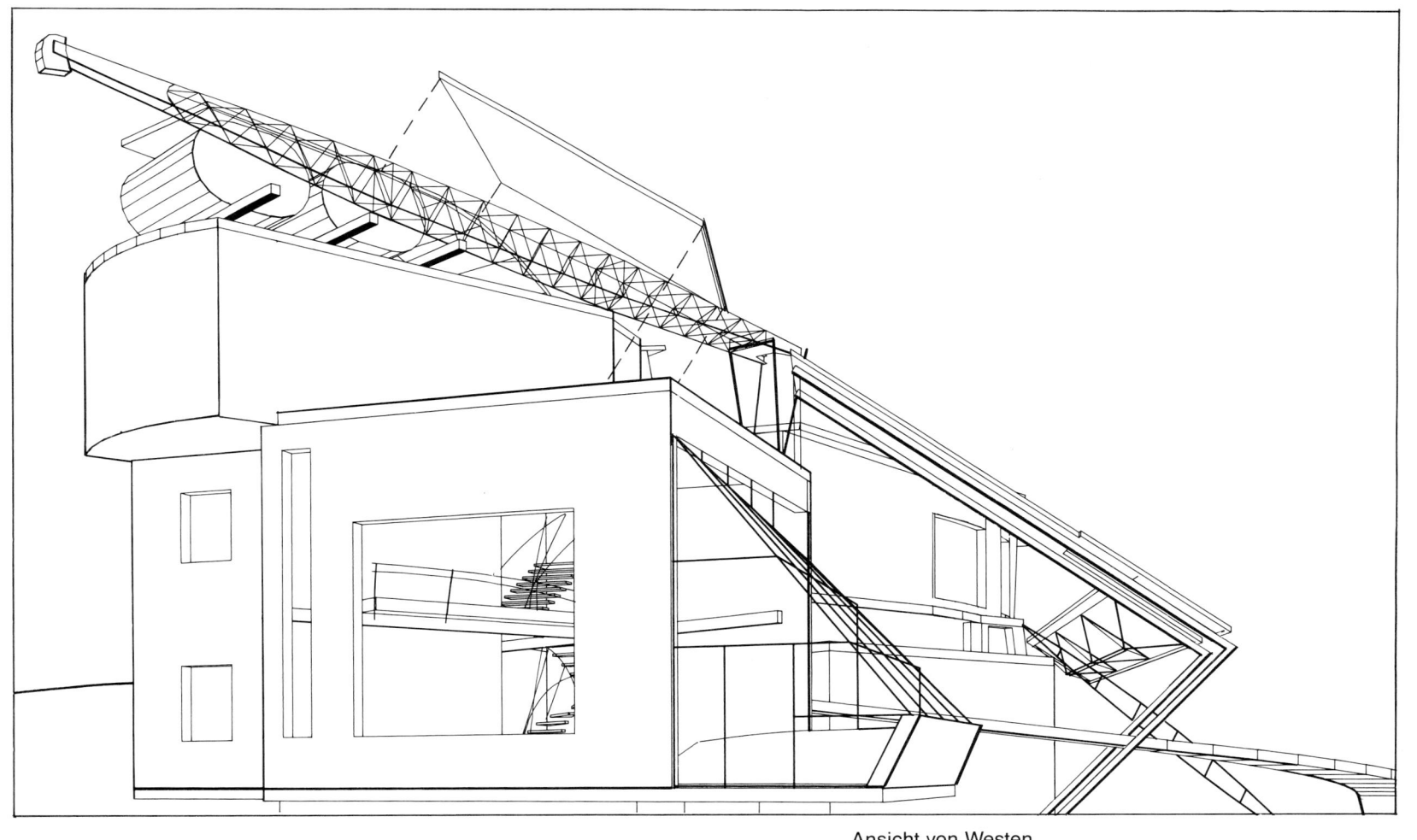

Ansicht von Westen

Illustrierte Biographie

Illustrated Biography

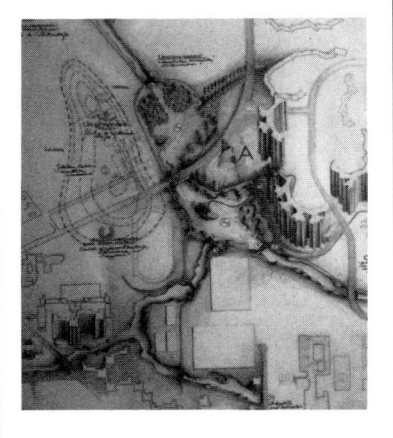

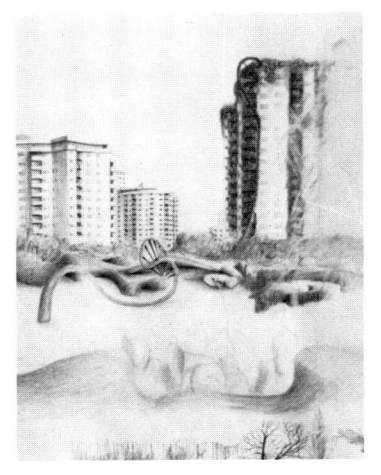

1985/86
1. Preis im Schinkelwettbewerb der Sparte „Kunst und Bauen", Berlin/Märkisches Viertel (Planausschnitt)

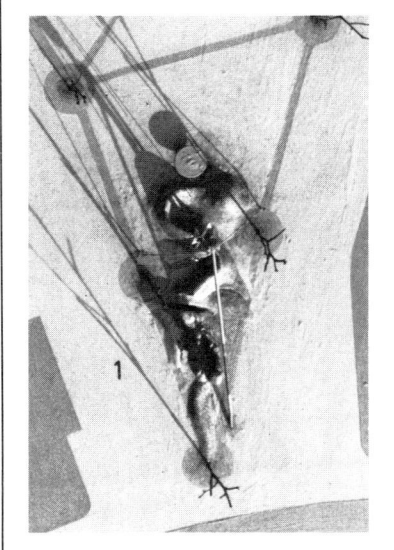

1986
Gestaltungsvorschlag „Kunst am Platz", Groß-Gerau (Modellausschnitt)

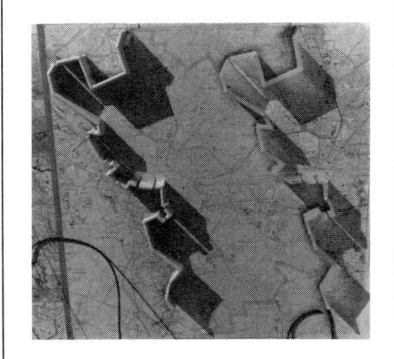

1987
1. Preis im Internationalen Wettbewerb zur behutsamen Verstädterung der Berliner Mauer (Mythos Berlin, NGbK u.a.)
„Eismauer" – zur Ästhetik des Verschwindens (P. Virilio) (Modellausschnitt)

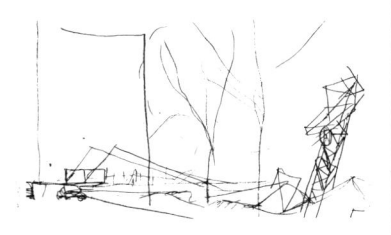

1988
Gutachten/Beiratsverfahren „WHG-910/Gisel" zur Wohnumfeldverbesserung und Hochhausumgestaltung im Märkischen Viertel Berlin (Planausschnitt)

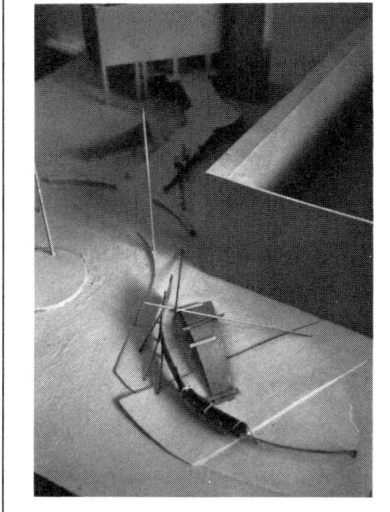

1988
2. Preis im Realisierungswettbewerb „Kunst am Bau", Erweiterungsbau Landratsamt Freiburg i.Br. (Modellausschnitt)

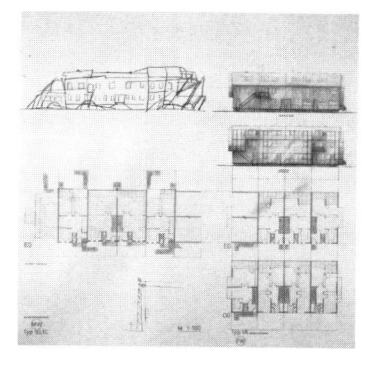

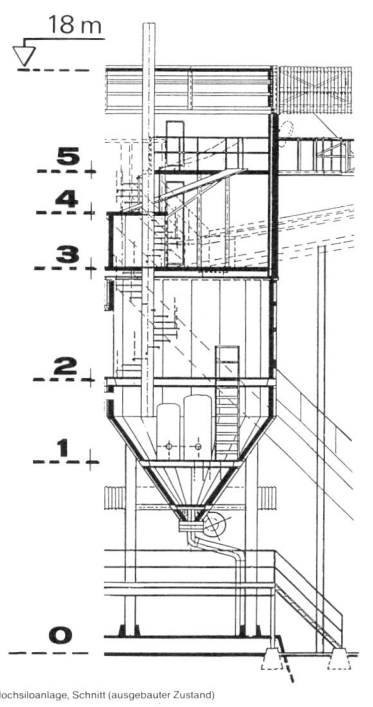

1988
„Westend-Komplexbrigade" Installation auf dem Gleisgelände des Künstlerbahnhofs der Karl-Hofer-Gesellschaft Berlin zur E 88 (Ausschnitt)

1989
„Logo-Motiv", Sonderankauf im Städtebauwettbewerb der Stadt Weil am Rhein (mit G. Dürr, Freiburg) (Ausschnitt)

1990
„Jamith"-Installation in der Städtischen Galerie Schwarzes Kloster, Freiburg

1990
Karl-Hofer-Förderpreis (Berlin) für das Projekt „Gravel-Pit-Architecture", Architektur in der Kiesgrube

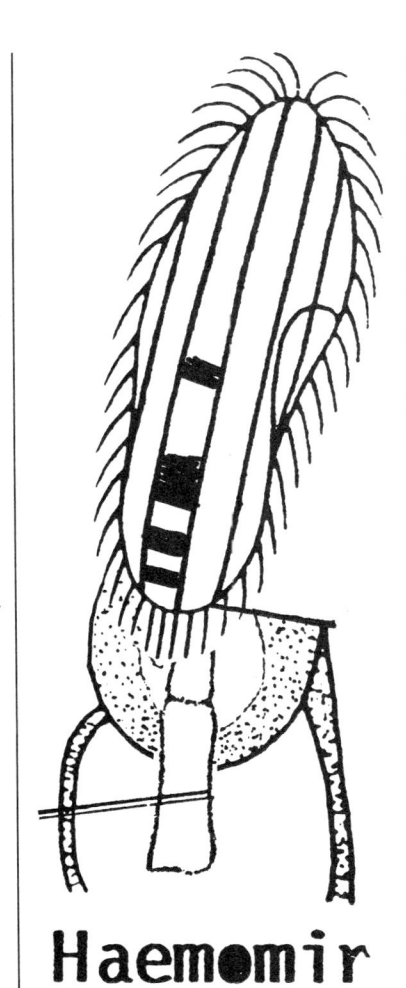

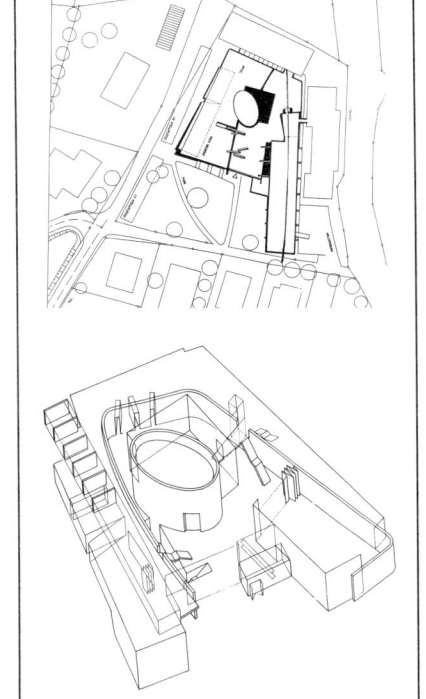

1991
Projekt „Fischwärts"
Ausstellungsbeteiligung: „Kongreß der Einweckgläser", Galerie „Stil und Bruch", Berlin

1991
Ankauf im Realisierungswettbewerb des „Abwasserzweckverbandes Breisgauer Bucht". Vorgesehen sind Verwaltungsgebäude, Werkhallen und Büros.

1991
Low-Cost-Umbauprojekt eines Büromarktes in Südbaden. Vorhandene Strukturen wurden überarbeitet. Die Details wurden nicht herkömmlich geplant, sondern an Ort und Stelle entworfen und ausgeführt.

1991
1. Preis im Realisierungswettbewerb „Haus der Kirche – Evangelische Tagungsstätte" in Bad Herrenalb (Projekt mit W. van Aaken).

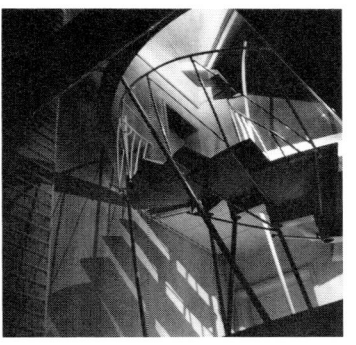

1991

Niedrigenergiehaus in Breisach
In einer von herkömmlichen Bebauungsvorschriften (Baulinie, Dachneigung, Traufhöhe etc.) geprägten dörflichen Stadtteilsiedlung ist ein den lokalen Klimaverhältnissen entsprechendes Niedrigenergiehaus errichtet worden. Der kubischen, dem Energiespar- und Gewinnkonzept zugrundegelegten Bauform vorgespannt, steht eine anatomisch frei geformte Solarskulptur. Auf der Südseite großflächig verglaste Räume wirken als passive Sonnenkollektoren. Die Nordseite ist mit kleineren Fenstern und Dämmrolläden versehen. Ein Bordcomputer im Keller dient der zentralen Steuerung und Optimierung des Niedrigtemperatursystems im Zusammenhang mit den in der Dachfläche integrierten Sonnenkollektoren. Das Haus hat eine Wohn- und Nutzfläche von 260 qm und ist nach einem klaren Temperaturzonenprinzip und der Möglichkeit späterer Nutzungs- und Wohnveränderungen konzipiert: Wohn-, Arbeits- und Kinderzimmer liegen nach Süden, Küche, Bad und WC nach Norden. Die Erschließung der übereinanderliegenden Wohn- und Arbeitsebenen erfolgt nach den Erfordernissen des „Mehrgenerationenwohnens" durch funktional demontierbare innen- und außenstehende Treppenanlagen. Dem Kubus eingestellt ist die Haupttreppe als großzügig dimensionierter, blechbespannter Erschließungskörper. Die innere Raumgeometrie der Haupttreppe bewegt und verändert sich je nach Betrachterstandpunkt und wird abends durch die Niedrigvoltspots zur illuminierten, skulpturalen Bühne. Konstruktive Rohbaudetails sowie Teile der Haustechnik wurden hier bewußt frei als gestalterweiternde und prägende Elemente integriert. Dadurch konnten teure und langweilige Kaschier- und Verkleidungssysteme eingespart werden.

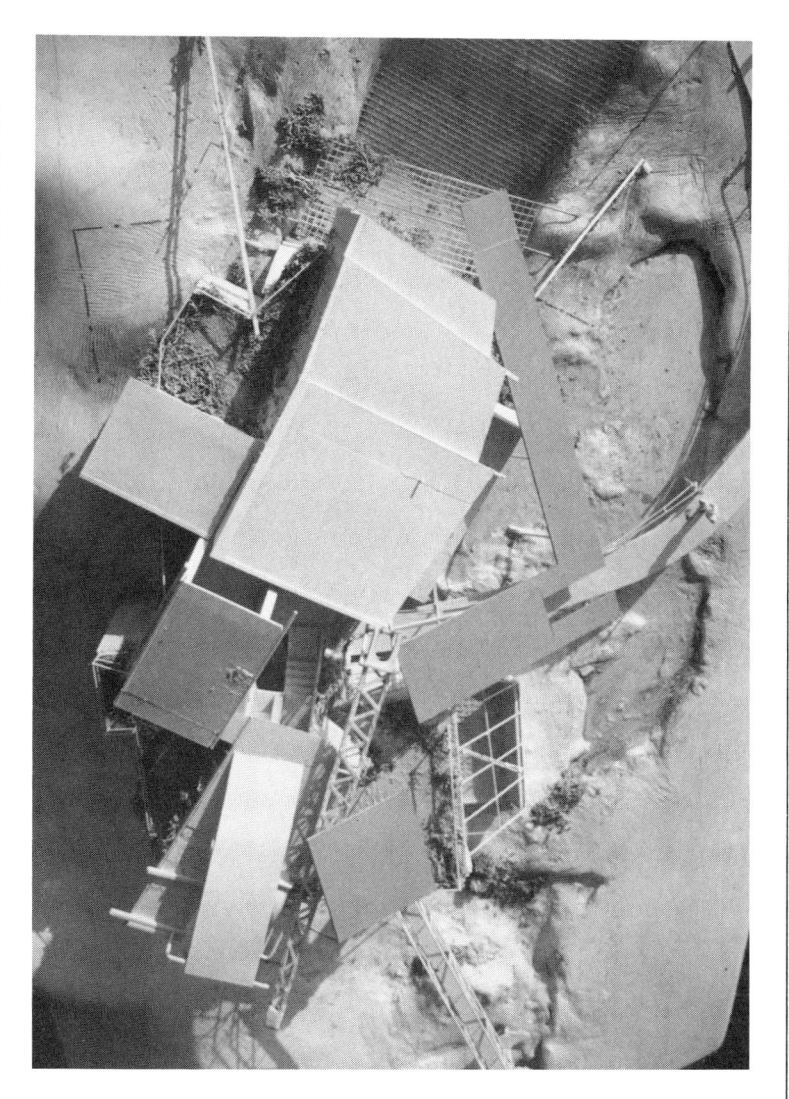

1992

Architektur-Skulptur zum Arbeiten und Wohnen, mit Medienhalle, Breisach. Das Gebäude befindet sich in der Fertigstellung. Wohngebäude mit Recycling-Materialien, Photovoltaikanlage und Solaranlage. Wohn-, Nutz- und Arbeitsfläche = 613 qm.

Projekte, Ausstellungen, Preise

Seit **1974** Entwurf und Realisierung von Plastiken, Skulpturen, Objekten, Räumen; **1977–82** Tätigkeiten in der Rekonstruktion, Gestaltung und Instandsetzung von technischen und historischen Kultur- und Bauobjekten (Italien, Schweiz, Süddeutschland); **1979** Bau einer Werkhalle für Bildhauerei in der Nähe Freiburgs; seit **1980** Beobachtung der Bestandsentwicklung und -veränderung in Kiesgruben und Baggerseelandschaften; seit **1983** *SKULPTUR-ZEICHNUNG*, Ausstellung Alter Wiehrebahnhof Freiburg; Architekturpreis der Hamburger Loddersstiftung; Erkundungen und Raumanalysen von Industrie-, Gewerbe- und Siedlungsbrachen; **1986** Zusammenarbeit mit G. Diel, Werkstatt für Experimental-Architektur Berlin; 1. Preis im Schinkel-Wettbewerb, Sparte *KUNST UND BAUEN*, Märkisches Viertel Berlin, Folgeausstellungen; **1987** 1. Preis im Internationalen Wettbewerb zur behutsamen Verstädterung der Berliner Mauer; kleine Baggersee-Zeltwerkstatt am südl. Oberrhein (mit Glatzel, Weber, Gazis, Purizt – Berlin); *KOMPLEX-BRIGADE*, Installation, Park der Galerie Schloß Rimsingen bei Freiburg i. Br.; *MYTHOS BERLIN*, Ausstellungsbeteiligung auf dem Gelände des Anhalter Bahnhofs; *IBA*, Tegeler Pavillon, Ausstellung (Märkisches Viertel Berlin – Schinkelpreis); *EISMAUER*, Museum, Haus am Checkpoint Charlie Berlin (Ankauf, Ausstellung); **1988** 2. Preis, Realisierungswettbewerb *KUNST AM BAU*, Erweiterungsbau Landratsamt Freiburg i. Br.; *WESTEND-KOMPLEXBRIGADE*, Installation auf dem Gleisgelände (Künstlerbahnhof) der Karl-Hofer-Gesellschaft Berlin zur E 88; Zusammenarbeit mit der Stuttgarter Werkgruppe für Architektur und Stadtplanung, Koch-Frohnmayer; Kieswerk-Skulpturen, Entwurf, Planung, Architekturskulpturen, Siloexperimente, Innenraumkonzepte; **1989** experimentelle Siedlungskonzeptionen mit G. Dürr, Freiburg; Zusammenarbeit mit Prof. L. Thürmer, Berlin; *EXPERIMENTUM HOMINIS*, Video-Installation zum 6. Deutschen Kunst- und Therapiekongreß in Kassel; *LOGO-MOTIV*, Städtebauvorschlag mit G. Dürr, Sonderankauf der Stadt Weil am Rhein; *GRAVEL-PIT*, Projektierungen; **1990** diverse Baurealisierungen in Südbaden (Werkhallen, Energiehaus, Architekturskulptur); Wettbewerbsankauf Städtebau Bahlingen, mit G. Dürr, Freiburg; Kieswerk-Musikvideo mit Steve Schröder, F. u. A. Lindlar, Freiburg; *GRAVEL-PITS*, Architekturen, Skulpturen, Modelle, Galerie AEDES-Architekturforum Berlin; Invitation Centre Regional D'Art Contemporain Ville D'Altkirch, France/Alsace; *JAMIT*, Installation, Städtische Galerie Schwarzes Kloster, Freiburg; Karl-Hofer-Förderpreis (Berlin 1990) für *GRAVEL PIT ARCHITECTURE*; **1991** Umbauprojekte in Südbaden; Ausstellungsbeteiligung in der Galerie Stil und Bruch, Berlin, Projekt *FISCHWÄRTS*; Projekt *ARCHITEKTUR-SKULPTUR* in Breisach; Entwurfsplanung für eine *MINIMALENERGIE-SIEDLUNG*; 2. Preis beim Realisierungswettbewerb *BÜRGERHAUS*, Schutterwald; Ankauf beim Wettbewerb Verwaltungsgebäude und Büros für den Abwasserzweckverband Breisgauer Bucht; Forschungsgruppe *INTELLIGENT BUILDUNG*, Uni Kaiserslautern; 1. Preis (mit W. van Aaken) beim Realisierungswettbewerb *HAUS DER KIRCHE UND TAGUNGSSTÄTTE* in Bad Herrenalb; **1992** Projekt *BERYL A*, futuristisch-virtuelle Architekturinstallation im Kunstverein Freiburg e.V.; *ARCHITEKTUR-SKULPTUR*, Ausstellung im Architekturforum Freiburg e.V.; *GRAVEL PIT ARCHITECTURE*, Ausstellung in der Galerie Blau, Freiburg-Au, im Architekturforum AEDES in Berlin und im Architekturforum Darmstadt.

Veröffentlichungen und Beiträge

P. Voss, „Schöner Wohnen im Beton Berlin", Bericht und Interview über die Schinkelpreise im Städtebau sowie Kunst und Bauen, ZDF, „heute journal", März 1976

„Internationaler Ideenwettbewerb zur behutsamen Verstädterung der Berliner Mauer", RIAS Berlin, März 1987

P. Krieg, V. Blankenburg, „Ausstellung Porphyrit, Galerie Schloß Rimsingen", SWF 2 Kultur, August 1987

L. Juckl, Katalog: „Schinkelwettbewerb 1985/86: Märkisches Viertel", Schinkelstiftung AIV-Berlin, März 1986

H. Moldenschardt, Manfred Sack, Katalog: Rudolf-Lodders-Preis 1985, Lodders-Stiftung Hamburg, Mai 1985

Bauwelt, „Internationaler Wettbewerb zur behutsamen Verstädterung der Berliner Mauer: Eis-Mauer", Heft Nr. 11 und 12, 1987

DER SPIEGEL, „Der Russe von hinten: Künstlerwettbewerb zur behutsamen Verstädterung des Betonwalls", Nr. 15, 1987

Ludovica Scarpa, Katalog: „Mythos Berlin: Konturen. Anmerkungen zu einem Wettbewerb", Verlag Ästhetik und Kommunikation. Berlin 1987

Sonderdruck zur Ausstellung „Westend-Komplexbrigade", Künstlerwerkstatt der Karl-Hofer-Gesell., Armonies-Verlag, Berlin 1988

Karl-Heinz Menzen, „Vom Umgang mit Bildern", Claus-Richter-Verlag, Köln 1990

Thomas Spiegelhalter, In: „Komplexbrigade", Zeitschrift für Topologie und Störungskunde, D.T.D.: ExPositionen, Hrsg. Ch. Kuppke und R. Krokowski, Armonies Verlag, Berlin, Juni 1988

CRAC/Alsace, Catalogue: „Les Ateliers Du Sundgau Nr. 1/De Tout Bois/Installations/Expositions", Centre Regional D'Art Contemporain, Altkirch/Hirzbach/Mulhouse, S. 75–79, Juni 1990

Thomas Spiegelhalter: „Gravel Pit Architecture – Architektur in der Kiesgrube, Projekte 1980–1990", Verlag Jürgen Häusser, Darmstadt, Mai 1990

W. Scherer: „Projekt Kieswerkarchitektur" von Thomas Spiegelhalter, Bericht und Interview, SWF 4 und SDR, 10. März 1991

Thomas Spiegelhalter, in: Karl-Hofer-Preis 1990, Karl-Hofer-Symposium 1990, Colloquium Verlag, Berlin 1991

W. Scherer: „Projekt Architektur-Skulptur", Bericht und Interview mit Th. Spiegelhalter, in: SWF 2, Kultur aktuell, Nov. 1991;

Thomas Spiegelhalter: Projekt BERYL A, Deponiekörper und Mediatecturen, Verlag (Hrsg.) Jürgen Häusser, Darmstadt 1992

Thomas Spiegelhalter, „Intelligent Buildings", Entwurfsprojekt an der Universität Kaiserslautern, Verlag Jürgen Häusser, Darmstadt 1992

Strobl: Thomas Spiegelhalter, Architektur in der Kiesgrube, Leonardo-Magazin für Architektur, 1992

Fraktale Architektur von Thomas Spiegelhalter, In: Architekturmagain „profil", Feb. 1992

Thomas Spiegelhalter

1959 in Freiburg geboren. Ausbildung als Bildhauer, 1977 Venedigstipendium; Studium der Bildhauerei (Abschluß), der 3-D-Visuellen Kommunikation (Diplom) und der Architektur (Diplom) in Bremen, Flensburg und an der Hochschule der Künste in Berlin (Meisterschülerabschluß). Lebt und arbeitet in Freiburg, gelegentlich in Berlin. Seit 1991 tätig in der Forschung und Lehre an der Universität Kaiserslautern, Fachbereich Architektur. Bildhauerwerkstatt und Architekturbüro befinden sich in Freiburg.